Welpenschule

Welpenschule

Hundeerziehung von Anfang an

GWEN BAILEY

DORLING KINDERSLEY

DK

DORLING KINDERSLEY
London, New York, Melbourne, München und Delhi

Dorling Kindersley
Programmleitung Jonathan Metcalf
Projektleitung Liz Wheeler
Cheflektorat Camilla Hallinan
Lektorat Victoria Wiggins
Projektbetreuung Joanna Byrne
Bildredaktion Karen Self, Vicky Short, Amy Osborne
Gestaltung Philip Fitzgerald
Designassistenz Victoria Foster
Art Director Nigel Wright, XAB Design, Phil Ormerod
Fotos Gerard Brown
Herstellung Emma Sparks
Umschlaggestaltung Silke Springies

DK Indien
Redaktion Rohan Sinha
Lektorat Ankush Saikia
Redaktion Sreshtha Bhattacharya
Gestaltung Arunesh Talapatra, Sudakshina Basu, Mitun Banerjee,
Shriya Parameswaran, Arijit Ganguly, Niyati Gosain, Payal Rosalind Malik,
Nidhi Mehra, Pallavi Narain, Arushi Nayar, Pooja Verma
Herstellung Pankaj Sharma, Balwant Singh
DTP Designer Dheeraj Arora, Jagtar Singh, Bimlesh Tiwary

Für die deutsche Ausgabe:
Programmleitung Monika Schlitzer
Projektbetreuung Manuela Stern
Herstellungsleitung Dorothee Whittaker
Herstellung Mareike Hutsky

Bibliografische Information Der Deutschen Bibliothek
Die Deutsche Bibliothek verzeichnet diese Publikation
in der Deutschen Nationalbibliografie;
detaillierte bibliografische Daten sind im Internet
über http://dnb.ddb.de abrufbar.

Titel der englischen Originalausgabe:
How to train a superpup

© Dorling Kindersley Limited, London, 2011
Ein Unternehmen der Penguin-Gruppe
Text © by Gwen Bailey

© der deutschsprachigen Ausgabe by Dorling Kindersley Verlag GmbH, München, 2012
Alle deutschsprachigen Rechte vorbehalten

Übersetzung Scriptorium Köln: Brigitte Rüßmann, Wolfgang Beuchelt
Lektorat Dr. Martin Lehr

ISBN 978-3-8310-2087-4

Printed and bound in Singapore by Tien Wah Press

Besuchen Sie uns im Internet
www.dorlingkindersley.de

Hinweis
Die Informationen und Ratschläge in diesem Buch sind von den Autoren und vom Verlag
sorgfältig erwogen und geprüft, dennoch kann keine Garantie nicht übernommen werden.
Eine Haftung der Autoren bzw. des Verlags und seiner Beauftragten für Personen-,
Sach- und Vermögensschäden ist ausgeschlossen.

Einleitung 6

1 Der richtige Welpe 8
Die Qual der Wahl 10
Beliebte Hunderassen 18

2 Ihr neuer Welpe 50
Erste Schritte 52
Den Welpen kennenlernen 60
Was der Welpe braucht 70

3 Sozialisierung 76
Große, fremde Welt 78

4 Wichtige Grundlagen 90

Stubenreinheit 92
Spielen 98
Kauen 106
Gute Gewohnheiten 112
Pubertät 126

5 Erziehung 132

Wie Welpen lernen 134
Grundkommandos 146
»Sitz!« 148
»Hier!« 150
»Platz!« 152
»Warte!« 154
»Steh!« 156
»Fuß!« 158

Leinenführigkeit 160
Apportieren 162
Apportieren ausbauen 166
»Sitz« in Entfernung 168
Verfolgung abbrechen 170
Lustige Tricks 172
Winken und »Gib mir 5!« 174
Rolle und spiel »Toter Hund« 176
»Such das Spielzeug!« 180
»Krabbel!« 182
Postbote spielen 184

Register 186
Glossar 190
Nützliche Adressen 191
Dank 192

Inhalt

∨ **Erfahrung mit Kindern**
Der Umgang mit Kindern aller Altersstufen, vom
Säugling bis zum Teenager, ist wichtig, wenn aus dem
Welpen ein freundlicher erwachsener Hund werden soll.

△ **Zeit der Entdeckungen**
Welpen erkunden ständig ihre Umgebung
und spielen viel. Dabei sammeln sie
wichtige Erfahrungen, die ihnen später
helfen, mit Ungewohntem umzugehen.

△ **Positives Training**
Training mit Belohnung hilft dem Hund zu
verstehen, was Sie ihm beibringen wollen, und
stärkt sein Vertrauen und seinen Respekt.

Einleitung

Die Welpenzeit ist eine tolle Zeit voller Zuver-
sicht und Übermut. In ihr lernt der Welpe am
meisten und so sollte sie voller Entdeckungen und Erziehung stecken, damit er sich zu
einem ausgeglichenen Hund entwickeln kann.
Die Erziehung eines Hundes funktioniert
praktisch wie die eines Kindes, nur in viel
kürzerer Zeit. Der Welpe entwickelt sich
rasant und ist mit einem Jahr ausgewachsen.
Ohne gute Vorbereitung verpasst man schnell
wichtige Erziehungsphasen (besonders, wenn

man ein ausgefülltes Berufs- und Privatleben
hat). Dieses Buch möchte Ihnen helfen, Ihrem
Welpen alles Notwendige beizubringen, und
sicherstellen, dass er alle wichtigen Lern-
schritte zum richtigen Zeitpunkt macht.
Meine persönlichen Schwerpunkte in der
Welpenerziehung sind gute Sozialisierung,
frühe Erziehung mit positiven Methoden, häufiges Belohnen und viel Spaß beim Aufbau der
Beziehung zum Hund. Und geht etwas schief,
sollte man immer eine positive Lösung für
Mensch und Hund finden. Die Anregungen in
diesem Buch werden Ihnen helfen, selbstbewusst mit Ihrem Welpen umzugehen.

▽ Nur belohnen
Wer auf Schimpfen und Strafen verzichtet und gewünschtes Verhalten belohnt, baut Vertrauen auf und erhält einen gut erzogenen Hund.

△ Spaß muss sein
Beim Lernen mithilfe von Spielzeug baut der Hund eine starke Bindung zu seinem Menschen auf, und außerdem bringt es Hund und Mensch viel Spaß.

▽ Tiefe Zuneigung
Eine liebevolle und vertrauensvolle Beziehung ist die beste Grundlage für die Aufzucht eines zufriedenen und gut erzogenen Hundes.

Welpen sind niedlich, aber mit jedem Tier übernimmt man auch die Verantwortung für sein Wohlergehen und seine Gesundheit. Mit einer angemessenen Erziehung im ersten Jahr bieten Sie dem Welpen die Grundlage für ein zufriedenes Leben. Geht das erste Jahr schief, droht ihm ständiger Tadel für Verhaltensfehler, für die er nichts kann. Welpenerziehung ist nicht schwer, aber zeitaufwendig, und man sollte wissen, was man tut. Dieses Buch liefert Ihnen dieses Wissen und ist für Sie und Ihren Hund der erste Schritt zu einem herrlichen gemeinsamen Leben. Ich wünsche Ihnen viel Erfolg.

Gwen Bailey ist Verhaltensforscherin und Hundetrainerin von internationalem Ruf. Sie hält weltweit Vorträge, ist Autorin mehrerer erfolgreicher Bücher zum Thema Hundeverhalten, wie Dorling Kindersleys *Hundeerziehung ganz einfach*, sowie langjähriges Mitglied der Association of Pet Behaviour Counsellors. Zwölf Jahre lang therapierte sie als Leiterin der Verhaltensabteilung einer Tierschutzorganisation Tausende von Hunden in Tierheimen. Um noch mehr präventive Arbeit leisten zu können, gründete sie die Puppy School, eine Welpenschule mit einem Netzwerk von Trainern für positives Training. Darüber hinaus ist sie Kuratorin des Battersea Dogs and Cats Home.

Der richtige Welpe

Die Qual der Wahl

Beliebte Hunderassen

1

Die Qual der Wahl

Die Wahl des richtigen Welpen ist eine wichtige Entscheidung. Seine genetischen Anlagen und seine Herkunft haben starken Einfluss auf sein zukünftiges Verhalten und Wohlbefinden. Ein Welpe, der einen guten Start ins Leben hatte, wird sich leicht ins neue Heim einpassen und kann zu einem zufriedenen und gut erzogenen Hund heranwachsen. Welpen von schlechten Züchtern sind häufig schwer zu erziehen und haben oft körperliche wie psychische Probleme. Dieses Kapitel möchte Ihnen dabei helfen, eine weise Wahl zu treffen. Wer bei der Auswahl der Rasse und der Bezugsquelle seines neuen Welpen etwas Zeit und Mühe investiert, schafft eine solide Grundlage.

EIGENE PERSÖNLICHKEITEN
Alle Welpen sind verschieden – ihre einzigartige Kombination von Erbanlagen und Erfahrungen prägt ihr Verhalten und Temperament.

Die Qual der Wahl

Welche Art von Hund ist am besten für mich und meine Familie geeignet? Wer sich darüber frühzeitig Gedanken macht, vermeidet Überraschungen bei Charakter und Verhalten des zukünftigen Hundes.

Größe, Bau und Wesen

Durch selektive Zucht sind verschiedenste Hunde mit eigenem Aussehen und Wesen entstanden. Bevor Sie sich auf die Suche nach einem Welpen machen, sollten Sie gut recherchieren und viele Entscheidungen treffen. Nur so stellen Sie sicher, dass Ihr zukünftiger Hund auch in Größe, Körperbau und Wesen in Ihr Leben passt.

Überlegen Sie mit der ganzen Familie, was Sie von einem Hund erwarten. Wie viel Zeit haben Sie? Soll er groß oder klein, lang- oder kurzhaarig, zart oder robust sein? Manche Entscheidungen haben einen Haken: Nicht haarende Hunde müssen beispielsweise ihr Leben lang von einem Profi geschoren werden. Wenn Sie sich für einen langhaarigen Hund entscheiden, müssen Sie ihn jeden Tag kämmen. Sind Sie wirklich bereit, so viel Zeit und Mühe zu investieren?

Bedenken Sie nicht nur körperliche Eigenschaften, sondern auch den Charakter des Hundes. Soll er eher kühn oder schüchtern, anhänglich oder unabhängig sein? Wofür eine Rasse gezüchtet wurde, gibt Hinweise auf Verhalten und Vorlieben eines Hundes *(S. 20–21)*. Sprechen Sie mit Hundebesitzern, wie ihr Hund sich in der Familie verhält.

Bewegungsbedarf

Bedenken Sie Ihre eigene Persönlichkeit. Sind Sie mehr der extrovertierte Typ und lieben die Überschwänglichkeit eines Boxers, oder bevorzugen Sie eher die Ruhe und würden die Zurückhaltung eines Whippets genießen? Solche Fragen helfen Ihnen, einen Hund zu finden, der zu Ihnen passt, und Sie vermeiden vorprogrammierte Konflikte.

Es ist wichtig, den Bewegungsdrang richtig einzuschätzen. Viele Rassen wurden als Arbeitshunde gezüchtet, haben also Ausdauer für den ganzen Tag. Sind Sie aber eher ruhig und möchten einen Hund, der sich einrollt und schläft, ist ein Arbeitshund nichts für Sie.

Klären Sie daher im Vorfeld, wie viel Bewegung der Hund benötigt. Am besten befragen Sie dazu Besitzer von Hunden, für deren Rasse Sie sich interessieren. Hundebesitzer können Ihnen nützliche Einblicke in Vor- und Nachteile einer Rasse geben. Erkundigen Sie sich rechtzeitig, bevor Sie sich Welpen ansehen. Dann sind Sie freier, sich vielleicht doch für eine andere Rasse zu entscheiden.

△ **Kleiner Spielgefährte**
Viele Menschen genießen das Hundebesitzerdasein so sehr, dass sie sich für sich und ihren Hund einen kleinen Kameraden anschaffen..

◁ **Familienhund**
Es ist besser, mit der Anschaffung eines Welpen zu warten, bis die Kinder zur Schule gehen. So hat man mehr Zeit für die Welpenerziehung.

Wo findet man seinen Welpen?

Es gibt viele Stellen, die Welpen vermitteln – einige sind sehr gut, einige weniger und einige sind sehr schlecht. Mit einem gesunden Welpen von einem fürsorglichen Züchter haben Sie die besten Voraussetzungen.

Der richtige Züchter

Sobald Sie wissen, welche Art Hund Sie wollen, startet die Suche nach einem gesunden Welpen mit gutem Wesen. Das kann schwerer sein, als es klingt, denn gute Züchter sind rar und oftmals nur schwer von schlechten zu unterscheiden.

▽ **Gerettete Welpen**
Tierschutz und Tierheime haben oft ganze Würfe geretteter Welpen und Junghunde – Rassehunde wie Mischlinge –, die dringend ein gutes Zuhause brauchen und tolle Haustiere werden.

Stellen Sie zunächst fest, mit welchem Ziel ein Züchter Welpen verkauft. Züchtet er Arbeitshunde oder Ausstellungshunde, oder wollte er Nachwuchs von seinem geliebten Haustier? Ist der Wurf ungeplant oder wird nur des Geldes wegen gezüchtet? Bis auf die letzten beiden sind dies alles gute Gründe oder Ziele. Versuchen Sie auch herauszufinden, ob bei der Zucht die Gesundheit und das künftige Wesen der Welpen im Vordergrund stehen.

Die Suche nach guten Züchtern kann lange dauern. Fragen Sie Besitzer netter Hunde nach deren Herkunft, besuchen Sie Hundeschauen und fragen Sie möglichst viele Menschen nach Empfehlungen.

Gesundheitszeugnisse

Besonders bei Rassehunden ist ein Gesundheitszeugnis wichtig. Viele Rassen werden innerhalb eines kleinen Genpools gezüchtet, wodurch zahlreiche genetische Erkrankungen und Defekte entstehen. Einige davon können durch Tests erkannt werden. Daher ist es wichtig, die möglichen gesundheitlichen Risiken einer Rasse zu kennen. Machen Sie sich vorher schlau, welche Tests es gibt

Massenproduktion

Hüten Sie sich vor Welpenfabriken, die nur für den Profit züchten. Solche Welpen werden oft an die Tür geliefert oder Tiervermittlern oder Großhändlern gegeben, die verschiedene Rassen im großen Stil anbieten. Manche versuchen sich als Privatzüchter auszugeben. Seien Sie misstrauisch, wenn die Mutter nicht beim Wurf ist, und meiden Sie solche Händler.

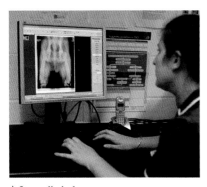

△ **Gesundheitsfragen**
Vor dem Kauf eines Welpen sollte man sich darüber klar sein, dass bei vielen Rassen die Gefahr von Erbkrankheiten besteht. Auf diese sollte der Welpe vor dem Kauf getestet werden.

◁ **Schauhunde**
Einige skrupellose Züchter sind nur am Ausstellungserfolgen interessiert und nicht an Wesen und Gesundheit der Welpen. Ahnungslosen Welpeninteressenten verkaufen sie dann ihren »Ausschuss«.

und was die Ergebnisse bedeuten. Lassen Sie sich die Papiere beider Elterntiere und auch der Großeltern zeigen. Seien Sie misstrauisch, wenn dies nicht möglich ist, und suchen Sie sich besser einen kooperativeren Züchter.

Die richtige Umgebung

Es ist sehr wichtig, einen Züchter zu finden, der seine Würfe im Haus aufzieht *(S. 16–17)* statt in Zwingern abseits des Hauses. Was Sie auf jeden Fall meiden sollten, sind reine »Welpenfabriken«, wo nur für Profit und ohne Augenmerk auf das Wesen oder die Gesundheit der Tiere gezüchtet wird. Die Mütter sind reine Gebärmaschinen und werden oft unter fürchterlichen Verhältnissen versteckt gehalten.

Eine gute Quelle für Welpen sind Besitzer, die mit ihrem eigenen Haustier züchten – solange sie Gesundheit und Wesen beider Eltern überprüft haben. Fragen Sie danach, bevor Sie sich die Welpen ansehen. Aber auch in Tierheimen können Sie gesunde Welpen finden, die liebevoll aufgezogen und von einem Tierarzt gründlich untersucht worden sind.

▽ **Schwere Wahl**
Eine gute Wahl können Sie nur treffen, wenn Sie alle Fakten kennen. Nur so erhalten Sie einen gesunden Welpen mit ausgeglichenem Wesen.

Was ist ein guter Züchter?

Die ersten Lebenswochen beim Züchter haben starken Einfluss auf das spätere Verhalten des Welpen. Frühe Erziehung und Sozialisierung prägen ihn ein Leben lang. Daher ist die Wahl des Züchters so wichtig.

Die ersten Wochen beim Züchter sind prägend für die gesamte Entwicklung des Welpen. Ein guter Züchter bedenkt schon im Vorfeld Gesundheit und Wesen der Welpen und sorgt dafür, dass die jungen Hunde gesund und gut sozialisiert zum neuen Besitzer kommen.

Achten Sie darauf, dass die Welpen in den Wohnräumen des Züchters aufwachsen, damit sie an alltägliche Dinge und Geräusche gewöhnt sind. Spielzeug, Wasserschalen und Bettchen sind ein gutes Anzeichen, dass die Tiere im Haus leben. Beobachten Sie, wie sie sich in Haus und Garten bewegen. Sind sie vorsichtig oder erkunden sie frei? Wie reagieren sie auf Haushaltsgeräusche? Erschrickt ein Welpe, wenn das Telefon klingelt oder eine Tür schlägt, ist er nicht ans Haus gewöhnt.

Sozialisierung

Praktisch die wichtigste Lernerfahrung für den Welpen ist, verschiedenste Menschen – besonders Kinder und Männer – kennenzulernen. Fragen Sie den Züchter danach. Beobachten Sie, wie die Welpen

◁ **Gute Züchter**
Ein guter Züchter wird viel Mühe in die Sozialisierung der Welpen stecken. Er bringt sie mit verschiedenen Menschen und Tieren zusammen und führt sie an unbekannte Orte, Geräusche und Gerüche sowie an neue Situationen heran.

»Ein Welpe, der **freudig** auf Sie zuläuft, ist **ausgeglichen** und **gut sozialisiert.**«

◁ **Gute Aufzucht**
Verantwortungsbewusste Züchter achten auf die Gesundheit ihrer Tiere. Die Welpen haben bei guter Pflege ein gutes Gewicht und sind entwurmt und entfloht.

△ **Früh übt sich**
Gut aufgezogene Welpen, die schon beim Züchter dazu angehalten wurden, ihr Geschäft im Freien zu erledigen, werden schnell stubenrein.

reagieren. Ausgeglichene Tiere gehen frei auf Menschen zu und versuchen durch Klettern ihr Gesicht erreichen. Ein ängstlicher Welpe, der sich duckt, ist wahrscheinlich schlecht oder gar nicht sozialisiert.

Ist die Mutter nicht beim Wurf, fragen Sie, warum, und bitten Sie, sie sehen zu dürfen, um Wesen und Gesundheit zu überprüfen. Schließlich trägt der Welpe ihre Gene.

Frühes Toilettentraining

Achten Sie beim Züchter darauf, wo die Welpen ihr Geschäft erledigen. Haben alle im Welpennest genü-

▽ **Gewöhnung an Menschen**
Das Wichtigste, wofür ein guter Züchter sorgen sollte, ist, dass seine Welpen möglichst früh viele positive Erfahrungen mit möglichst vielen unterschiedlichen Menschen machen können.

gend Platz zum Schlafen und gibt es eine saubere Toilettenzone? Geht der Züchter nach dem Schlafen, Fressen und Spielen regelmäßig mit den Welpen in den Garten? Wenn ja, wird die Erziehung zur Stubenreinheit leicht. Sind die Bedingungen unsauber und es gibt keine klare Toilettenzone, wird es schwer.

Ein guter Züchter beobachtet seine Welpen häufig und kennt ihre unterschiedlichen Charaktere. Er kann Sie beraten, welcher Welpe am besten zu Ihnen passt. Viel wichtiger, als den besten Welpen aus dem Wurf auszuwählen, bleibt aber, einen guten Züchter zu finden, der seine Welpen richtig sozialisiert. Scheint etwas nicht richtig, sollten Sie jederzeit bereit sein, sich doch einen anderen Züchter zu suchen.

Nervöse Mütter

Reagiert die Mutter auf Menschen ängstlich, gibt sie diese Angst über ihre Gene und ihr Verhalten an ihre Welpen weiter. Wenn es auch noch so schwerfällt, ist es dann besser, von der Wahl dieser Welpen Abstand zu nehmen, denn sie können später schwierig werden.

Beliebte Hunderassen

Informieren Sie sich bereits vor der Wahl eines Hundes über die Bedürfnisse und Charaktereigenschaften der verschiedenen Rassen. Das grenzt die Suche ein. Die Hunderassen unterscheiden sich stark in Persönlichkeit und Körperbau.
Im Folgenden finden Sie einen Überblick über die beliebtesten Rassen, damit Sie die Hunderasse finden, die zu Ihnen passt. Für jede Rasse werden Eigenschaften, Charakter, Pflegeaufwand und Bewegungsdrang beschrieben. Konzentrieren Sie sich auf Ihre Lieblingsrassen und recherchieren Sie weiter, damit Ihr Hund wirklich der richtige ist.

LEBHAFT ODER TRÄGE?
Wenn Sie wirklich den Hund bekommen wollen, von dem Sie immer geträumt haben, wählen Sie einen, der zu Ihrer Lebensform passt.

Kleiner Rassenkatalog

Die Geschichte einer Rasse und der Zweck, für den sie gezüchtet wurde, sagen schon viel über den Charakter eines Welpen. Zudem erfährt man, mit welchen Eigenarten und welcher Persönlichkeit man rechnen muss.

Nach den Zwecken, für die die Hunderassen gezüchtet wurden, und nach den Eigenschaften, die dabei herausgearbeitet wurden, kann man sechs Gruppen unterscheiden.

Lesen Sie in den Beschreibungen *(S. 22–49)*, welche Eigenschaften die einzelnen Rassen haben. Finden Sie durch Bücher, das Internet und Gespräche mit Hundekennern heraus, wie Ihr Traumhund sein sollte, welche Stärken und Schwächen er mitbringen soll und darf und welcher Charakter am besten zu Ihnen und Ihrer Familie passt. So können Sie leichter eine wohlüberlegte Wahl treffen und die Stärken Ihres Hundes besser fördern. Sie erfahren zudem, wie Sie sein natürliches Verhalten, wie z.B. das Jagen, produktiv nutzen können.

Hunde, die Jägern helfen

Diese Hunde wurden gezüchtet, um Wild aufzuscheuchen und es nach dem Abschuss zu apportieren. Sie sind sehr lebhaft und wollen unbedingt gefallen. Daher sind sie meist auch gute Haustiere für aktive Familien mit viel Zeit, die ihrem Hund die Aufmerksamkeit und Bewegung bieten, die er braucht. Sie spielen gerne und sind leicht zu erziehen.

Deutsch Kurzhaar

Hunde, die Schädlinge töten

Terrier und Rattler wurden zum Fangen und Jagen kleiner Nager gezüchtet. Sie sind quirlig, schlau und resolut, haben viel Charakter und in Bedrängnis verteidigen sie sich selbst. Sie spielen gerne mit Spielzeug. Ihren Jagddrang auf Kleintiere darf man nicht unterschätzen.

Border Terrier

Hunde, die Schäfern helfen

Hütehunde wurden gezüchtet, um bei den Schafen und Kühen zu helfen. Sie hetzen gerne, sind einfühlsam, sehr loyal, brauchen viel Bewegung und Beschäftigung und eignen sich für sehr aktive Familien. Gruppe zwei, die Herdenschutzhunde, wurden gezüchtet, um die Herde selbstständig vor Räubern zu schützen.

Sheltie

Begleithunde

Bereits über viele Generationen auf Haustier gezüchtet, sind Begleithunde meist klein und haben ein freundliches, umgängliches Naturell. Dennoch haben nur wenige dieser Rassen einen Ursprung als reine Haustiere. Die meisten arbeiteten als Wachhunde oder hatten andere Aufgaben.

Shih Tzu

Hunde, die jagen

Eine Reihe von Rassen wurde zum Aufspüren und Jagen von Beute gezüchtet. Man unterscheidet zwei Arten: Hunde, die auf Sicht jagen, und Hunde, die Fährten folgen. Jagende Hunde haben einen starken Rudelinstinkt und ausgeprägten Jagdtrieb. Sie sind zwar gesellig, aber wesentlich unabhängiger und wollen weniger gefallen als andere Rassen.

Basset Hound

Andere Arbeitshunde

Viele Hunde wurden noch für ganz andere Aufgaben gezüchtet: Sie wurden dafür entwickelt, Haus und Hof zu bewachen, Karren und Schlitten zu ziehen oder Menschen aus Lawinen zu retten. In Wesen, Körperbau und Größe sind die Hunde an die jeweilige Arbeit angepasst, für die ihre unterschiedlichen Rassen gezüchtet wurden.

Dobermann

Agiler Jagdhund
Springer Spaniel wurden gezüchtet, um tagtäglich unermüdlich zu arbeiten. Daher haben sie enorm viel Energie, die sie loswerden müssen – was zum Problem werden kann.

Kleine Hunde

Kleine Hunde sind mit wenig Platz zufrieden und lassen sich leicht überallhin mitnehmen. Sie sind weniger einschüchternd und kosten weniger als große Hunde, brauchen aber genauso viel Aufmerksamkeit.

Bei den meisten kleinen Rassen steckt eine große Persönlichkeit im kleinen Körper. Sie sind sich ihrer geringen Körpergröße nicht bewusst und nehmen es bereitwillig mit einer viel größeren Welt auf. Ihre

◁ **Lebenslustig**
Shih Tzus sind zwar kleine, aber äußerst lebenslustige Energiebündel, die besonders als Welpen sehr viele Spieleinheiten benötigen.

kompakte Körpergröße macht sie ideal für Menschen, die nicht viel Platz haben. Sie rennen Menschen seltener um, dafür geraten sie zwischen die Füße und werden häufiger zu Stolperfallen. Da sie leicht sind, kann man sie hochheben und beispielsweise in öffentlichen Verkehrsmitteln sicher in einer Tasche transportieren. Sie mögen zwar wie »Spielzeug« wirken, haben aber dieselben Bedürfnisse wie ihre großen Cousins. Viele der kleineren Rassen benötigen aber weniger Bewegung als große Hunde und sind daher gut für städtische Umgebungen oder bequemere Menschen geeignet.

◁ **Beängstigende Welt**
Kleine Hunde, wie Chihuahuas, leben in einer Welt voller Riesen und benötigen viel Zuspruch, um sich sicher zu fühlen.

Chihuahua

Größe *1–3 kg, 15–23 cm*
Charakter *resolut, loyal, lebhaft*
Bewegungsdrang *minimal*
Pflege *minimal*

Der Chihuahua, die kleinste Hunderasse der Welt, wird in kurzhaarigen und langhaarigen Varianten gezüchtet. Da die Welpen winzig und zart sind, muss man sehr darauf achten, dass ihnen nichts passiert. Sie fühlen sich mit viel sanfter Fürsorge, die sie langsam in die Welt der Riesen einführt, am wohlsten.

△ **Erwachsen**
Unsozialisiert und nicht vor bösen Erfahrungen geschützt werden sie häufig schreckhaft.

empfindliche, vorstehende Augen

Yorkshire Terrier

Größe *2,5–3,5 kg, 23–24 cm*
Charakter *lebhaft, robust, mutig*
Bewegungsdrang *minimal bis mäßig*
Pflege *täglich bürsten, regelmäßig schneiden*

Yorkshire Terrier-Welpen sind empfindlich und lebhaft. Die Hunde wurden im 19. Jahrhundert zur Rattenbekämpfung gezüchtet, auf Bedrohung reagieren sie daher schnell aggressiv und sollten sorgsam und früh sozialisiert werden. Ihr Fell haart nicht und muss täglich gebürstet werden. Damit die Hunde besser sehen, sollten die Haare um die Augen geschnitten oder hochgebunden werden.

Das lange seidige Fell braucht tägliche Pflege.

◁ **Erwachsen**
Yorkies sind agil, intelligent und verspielt. Neue Tricks und Übungen lernen sie in wenigen Trainingseinheiten.

Malteser

Größe *2–3 kg, 20–25 cm*

Charakter *freundlich, aufgeschlossen, verspielt*

Bewegungsdrang *minimal*

Pflege *täglich bürsten und regelmäßig schneiden*

Malteser-Welpen sind liebenswert, verspielt und umgänglich. Stubenreinheit erlernen sie oft etwas langsam, machen diesen kleinen Makel aber durch ihr freundliches, liebevolles Wesen wett. Die alte Rasse von der Insel Malta wird schon seit unzähligen Generationen als Gesellschaftshund gezüchtet. So entstand ein fröhlicher kleiner Hund, der ein ideales Haustier ist, wenn einem die aufwendige Fellpflege nichts ausmacht. Er sollte schon als Welpe sanft an das tägliche Bürsten und regelmäßige Besuche im Hundesalon gewöhnt werden. Das lange Kopfhaar sollte für bessere Sicht geschnitten oder hochgebunden werden.

weiches und seidiges weißes Fell

◁ **Erwachsen**
Das lange Kopfhaar der Malteser wird üblicherweise hochgebunden, damit die Hunde auch sehen, wo sie hinlaufen.

Toy Pudel

Größe *2,5–4 kg, 25–28 cm*

Charakter *intelligent, gutmütig, lebhaft*

Bewegungsdrang *mäßig*

Pflege *täglich bürsten und regelmäßig schneiden*

Toy Pudel sind sanfte, gutmütige und ruhige Hunde. Ihre lebhaften, agilen Welpen sind äußerst gelehrig, wodurch sich Erziehungserfolge sehr schnell einstellen. Der Toy Pudel ist die kleinste Pudelart und wurde aus dem Großpudel gezüchtet. Seine ursprüngliche Aufgabe als Jagdhund war das Apportieren von Enten. Toy Pudel lieben Gesellschaft und brauchen ein fürsorgliches Zuhause mit viel Anregung. Sie sollten schon im Welpenalter sanft an die Fellpflege gewöhnt werden, damit ihr Fell ein Leben lang in gutem Zustand gehalten werden kann. Da ihre Ohren auch innen behaart sind, sollte man sie auch daran gewöhnen, dass diese vorsichtig ausgezupft werden müssen, damit die Gehörgänge frei und sauber bleiben.

wolliges, nicht haarendes Fell

△ **Schlau und bedächtig**
Mit ihrer intelligenten und bedächtigen Art, mit der sie Aufgaben und Probleme lösen, überraschen die kleinen Hunde viele Halter.

△ **Erwachsen**
Pudel gibt es in verschiedenen Fellfarben, wie Weiß, Grau, Rotfalb und Schwarz. Dieser erwachsene Hund trägt einen Welpen-Schauschnitt.

Zwergspitz

Größe *2–2,5 kg, 22–28 cm*
Charakter *aktiv, intelligent, guter Wachhund*
Bewegungsdrang *minimal bis mäßig*
Pflege *täglich intensiv bürsten*

Der Zwergspitz ist die Zwergzüchtung von Schlittenhunden aus Grönland und Lappland. Die Welpen sind lebhaft und extrovertiert. Bei Aufregung bellen sie schnell, was früh unterbunden werden sollte, da es sich sonst leicht zur schlechten Gewohnheit entwickeln kann. An regelmäßige Fellpflege sollten die Hunde früh und sanft herangeführt werden.

△ **Erwachsen**
Zwergspitze haben ein sehr dichtes Fell mit warmer Unterwolle und überhitzen in beheizten Räumen schnell.

Zwergpinscher

Größe *3,5–4,5 kg, 25–30 cm*
Charakter *aktiv, beschützerisch, intelligent*
Bewegungsdrang *mäßig*
Pflege *minimal*

Die Welpen dieser Rasse sind sehr klein und zart und müssen vor ungestüm tobenden Kindern und größeren Haustieren geschützt werden. Da sie ein hitziges Temperament haben, sollten sie schon in frühem Welpenalter sorgsam sozialisiert werden. Außerdem benötigen sie viel Beschäftigung und Anregung, um zu ausgeglichenen Hunden heranzuwachsen.

schwarzes Haar mit hellen Abzeichen

◁ **Erwachsen**
Zwergpinscher wurden im 19. Jahrhundert auf deutschen Bauernhöfen gezüchtet, um Ratten zu jagen.

Havaneser

Größe *3–6 kg, 20–28 cm*
Charakter *verspielt, freundlich, gesellig*
Bewegungsdrang *minimal bis mäßig*
Pflege *täglich bürsten und regelmäßig schneiden*

Der Havaneser hat ein offenes, freundliches Wesen. Die Welpen sind anhänglich, aktiv und möchten gefallen, werden aber teils schwer stubenrein. Die Haare um die Augen werden geschnitten, damit sie besser sehen, und man sollte sie früh an sanftes Bürsten gewöhnen, damit das Fell immer seidig bleibt.

Mit kurz geschnittenem Gesichtshaar sehen die Hunde mehr.

△ **Erwachsen**
Das seidige Fell des Havanesers muss täglich gebürstet und regelmäßig geschnitten werden, damit es nicht verfilzt.

Bichon Frisé

Größe *3–6 kg, 23–30 cm*
Charakter *verspielt, gutmütig, gesellig*
Bewegungsdrang *minimal bis mäßig*
Pflege *täglich bürsten und regelmäßig schneiden*

Mit seinem freundlichen, gutmütigen Wesen ist der Bichon Frisé ein ideales Haustier. Die Welpen sind aktiv und liebenswert, bei Stubenreinheit und Erziehung benötigen Halter aber viel Geduld. Die Hunde sehen besser, wenn man das Fell über den Augen hochbindet. Man sollte sie schon früh an die Fellpflege heranführen.

△ **Erwachsen**
Der moderne Bichon Frisé stammt von der Insel Teneriffa und zählt in Frankreich und Spanien seit Jahrhunderten zu den beliebtesten Hunden.

Shih Tzu

Größe *5–7 kg, 25–27 cm*
Charakter *intelligent, unabhängig, wachsam*
Bewegungsdrang *mäßig*
Pflege *regelmäßig bürsten und gelegentlich schneiden*

Shih-Tzu-Welpen sind sehr liebenswert. Ihre starke Persönlichkeit verlangt eine frühe Sozialisierung und Erziehung, damit sie keine schlechten Gewohnheiten entwickeln. Man sollte sie auch früh an die Fellpflege und das Hochbinden der Gesichtshaare gewöhnen. Die von Züchtern betonte verkürzte Schnauze führt leider oft zu Atembeschwerden und bei Überhitzung zu Atemnot.

Das verkürzte Gesicht kann zu Atemproblemen führen.

◁ **Erwachsen**
Die wachsamen, schlauen Hunde wurden einst von tibetischen Mönchen und Chinas Kaisern gezüchtet.

△ **Immer voller Tatendrang**
Die lebhaften Welpen brauchen aktive Halter, die viel mit ihnen spielen und bei denen sie ihre Energie positiv ausleben können.

Zwergpudel

Größe *4,5–8 kg, 28–38 cm*
Charakter *intelligent, agil, freundlich*
Bewegungsdrang *mäßig*
Pflege *täglich bürsten und regelmäßig schneiden*

Zwergpudel sind mittelgroße Pudel und etwas stabiler und robuster als Toy Pudel, aber immer noch viel kleiner als Großpudel. Sie sind lebhaft, aktiv, liebenswert und lernen schnell. Die Hunde verhalten sich durchaus auch ruhig, wenn sie sollen, und sind selten ungestüm oder unvorsichtig. Der Name »Pudel« geht wohl auf das Niederdeutsche »puddeln« zurück, was »im Wasser platschen« bedeutet, denn ursprünglich wurde die Rasse im 15. Jahrhundert zur Jagd auf Wasservögel gezüchtet. Zwergpudel sind schlau und agil und wurden früher oft als Zirkushunde genutzt. Heute sind sie beliebte Hunde im Agility- und Obedience-Sport und intelligente, unermüdliche Arbeitshunde. Die Perlschnurschur galt lange als Schutz der Gelenke im kalten Wasser, heute tragen die meisten Pudel jedoch eine moderne, einheitlich kurze Schur. Die Fellpflege wird später einfacher, wenn der Welpe früh und spielerisch ans Bürsten und Schneiden gewöhnt wird.

△ **Erwachsen**
Nur bei regelmäßigem Scheren und täglichem Bürsten bleibt das lockige Fell des Pudels weich und flauschig.

Das nicht haarende Fell ist weich und flauschig.

Papillon

Größe *4–4,5 kg, 20–28 cm*
Charakter *intelligent, lebhaft, sensibel*
Bewegungsdrang *mäßig*
Pflege *täglich bürsten*

△ **Erwachsen**
Die Rasse wurde Papillon getauft, da ihre großen, fiedrigen Ohren an Schmetterlingsflügel erinnern.

Wegen ihrer großen, fiedrigen Ohren nach dem französischen Wort für »Schmetterling« benannt, sind Papillons lebhaft, verspielt und grazil. Sie sind oftmals sensibel und sollten sorgsam sozialisiert werden, damit sie zu entspannten Hunden heranwachsen. Sie sind loyal und hängen sehr an ihren Haltern, reagieren Fremden gegenüber aber gerne reserviert. Die intelligenten Tiere lernen schnell und werden schnell stubenrein.

Boston Terrier

Größe *4,5–11,5 kg, 28–43 cm*
Charakter *sanft, gutmütig, sehr lebhaft*
Bewegungsdrang *minimal bis mäßig*
Pflege *minimal*

Boston-Terrier-Welpen sind lebhaft und neugierig, ermüden aber schnell. Äußerlich der französischen Bulldogge ähnlich, nur etwas kleiner, ist beim Boston Terrier wenig von der Terriernatur seiner Vorfahren erhalten. Er ist gutmütig, umgänglich und entspannt. Da er nur wenig Bewegung benötigt, ist er ein idealer Stadthund. Die verkürzte Nase führt leider oft zu Schnarchen und verursacht bei Anstrengung schnell Atemnot.

△ **Erwachsen**
Halter lieben vor allem das fast menschliche Mienenspiel im verkürzten Gesicht des Boston Terriers.

Lhasa Apso

Größe *6–7 kg, 25–28 cm*
Charakter *wachsam, aktiv, bellfreudig*
Bewegungsdrang *mäßig*
Pflege *täglich ausgiebig bürsten*

△ **Erwachsen**
Als ursprüngliche Wachhunde bellen Lhasa Apsos oft übermäßig. Frühes Training kann Abhilfe schaffen.

Lhasa-Apso-Welpen sind drollig und voller Persönlichkeit. Ausgewachsen sind sie eigensinnig und intelligent und benötigen daher eine gründliche frühe Sozialisierung und Erziehung. Ursprünglich als Tempelwachhunde in Tibet gezüchtet, sollte man ihnen früh beibringen, nicht ständig anzuschlagen, da das Bellen sich sonst schnell zur schlechten Gewohnheit entwickeln kann.

Das wachsende Haar muss täglich gebürstet werden.

Parson Russell & Jack Russell Terrier

Größe *5–8 kg, 28–38 cm*
Charakter *resolut, aktiv, hartnäckig*
Bewegungsdrang *hoch*
Pflege *minimal*

Die beliebten Terrierrassen Jack Russell und Parson Russell haben ähnliche Vorfahren und gelten in einigen Ländern als eine Rasse. Die Welpen sind lebhaft, aktiv und so neugierig, dass sie schnell in Gefahr geraten, wenn man nicht ständig aufpasst. Ausgewachsen sind sie terriertypisch für Kleintiere gefährlich und sollten früh sozialisiert und erzogen werden, um Probleme zu vermeiden.

◁ **Erwachsen**
Parson Russell Terrier wurden im 19. Jahrhundert gezüchtet, um bei Treibjagden Füchse aus ihren Bauten zu scheuchen.

Border Terrier

Größe *5–7 kg, 25–28 cm*
Charakter *freundlich, aktiv, gehorsam*
Bewegungsdrang *mäßig*
Pflege *minimal, gelegentlich trimmen*

Viele Border Terrier haben heute kaum noch Terrier-Eigenschaften und sind tolle Haustiere, obwohl sie ursprünglich in Schottland zur Jagd auf Füchse und Nager gezüchtet wurden. Die Welpen sind aktiv und neugierig, können aber auch bedacht und vorsichtig sein. Ausgewachsen reagieren sie in Bedrängnis teils gereizt, sollten also früh mit anderen Tieren sozialisiert werden, um Gelassenheit zu trainieren. Erwachsene Border Terrier sind fast unermüdlich, können sich ruhigeren Haltern aber durchaus anpassen. Sie sind generell sehr anpassungsfähig, gesellig, gehen gern überall hin mit, lassen sich dank ihrer kompakten Größe leicht tragen und passen in jedes Auto. Zudem sind sie äußerst gelehrig, sehr freundlich und ausgesprochen lebenslustig, was sie zu angenehmen Haustieren macht.

△ **Erwachsen**
Das Trimmen des alten Deckhaars macht die Statur der Border Terriers sichtbar. Wächst das Deckhaar nach, wirken die Hunde etwas struppig.

△ **Großartiger Gefährte**
Die anhänglichen, robusten und intelligenten Border Terrier sind tolle Haustiere. Ihr lebenslustiges Wesen macht sie zu idealen Familienhunden.

Das Deckhaar sollte bei ausgewachsenen Border Terriern immer wieder von einem Hundefriseur getrimmt werden.

Cairn Terrier

Größe *6–7 kg, 25–30 cm*
Charakter *aktiv, verspielt, gesellig*
Bewegungsdrang *mäßig*
Pflege *minimal, gelegentlich trimmen*

Cairn Terrier sind gerne beschäftigt und brauchen eine anregende Umgebung. Die Welpen sind lebhaft und neugierig. Im 17. Jahrhundert in Schottland gezüchtet, um Füchse, Ratten und Kaninchen um die Cairns (Steinhaufen) herum zu jagen, können sie für Kleintiere gefährlich sein und sollten früh an Katzen und andere Tiere gewöhnt werden. Völlig trauen sollt man ihnen in Gegenwart von kleinen Tieren jedoch nie.

△ **Erwachsen**
Das drahtige Fell des Cairn Terriers sollte zweimal im Jahr von einem Hundefriseur getrimmt werden, um altes und loses Deckhaar zu entfernen.

Das drahtige Fell haart kaum.

Cavalier King Charles Spaniel

Größe *5–8 kg, 31–33 cm*

Charakter *freundlich, sanftmütig, verspielt*

Bewegungsdrang *mäßig*

Pflege *täglich bürsten*

Cavalier King Charles Spaniel sind mit ihrem freundlichen, lebenslustigen und gelassenen Naturell der Inbegriff des Gesellschaftshundes. Die Welpen sind bezaubernd, lernen schnell und passen sich jedem Haushalt an. Der Cavalier King Charles hat keine so verkürzte Nase wie die ihm ähnliche Rasse des King Charles Spaniel und einen flacheren Kopf. Leider sind Erbkrankheiten innerhalb des sehr kleinen Genpools stark verbreitet und vollkommen gesunde Würfe sind heute eine Seltenheit geworden.

Hervorstehende Augen sind ein typisches Merkmal.

△ **Erwachsen**
Cavaliers gibt es in mehreren Fellfarben, wie dreifarbig oder schwarz/loh. Schon im 16. Jahrhundert als Gesellschafter gezüchtet, sind sie ideale Haustiere.

Mops

Größe *6–8 kg, 25–28 cm*

Charakter *freundlich, aufgeschlossen, gutmütig*

Bewegungsdrang *minimal*

Pflege *minimal*

Mopswelpen sind reizende kleine Wesen, die schnell lernen, haben aber ihren ganz eigenen Kopf. Moderne Möpse entstammen einem kleinen Genpool, weshalb Erbkrankheiten leider weitverbreitet sind. Die verkürzte Nase kann Atemprobleme und Schnarchen verursachen. Dennoch sind die Hunde aufgrund ihres ausdrucksstarken Gesichts und ihres freundlichen Wesens sehr beliebt.

Die verkürzte Nase kann Atemprobleme verursachen.

△ **Erwachsen**
Man vermutet, dass Möpse ursprünglich aus China stammen. Aufgrund des kleinen Genpools ähneln sie sich alle stark.

West Highland White Terrier

Größe *7–10 kg, 25–28 cm*

Charakter *resolut, aktiv, bellfreudig*

Bewegungsdrang *mäßig*

Pflege *täglich bürsten und regelmäßig schneiden*

West Highland White Terrier sind sehr temperamentvoll. Sie benötigen gründliche Sozialisierung und ihre Bellfreude muss früh kontrolliert werden. Die Welpen sind niedlich, brauchen aber schon früh Erziehung durch einen durchsetzungsfähigen Halter. Da sie zur Jagd gezüchtet wurden, können sie Kleintieren gefährlich werden. Hauterkrankungen sind leider ein häufiges Problem, das beachtet werden sollte.

◁ **Erwachsen**
West Highland Terrier sind lebhaft, neugierig und sehr bellfreudig – sie bellen bei Fremden, bei Störungen oder auch vor Aufregung.

Dachshund (Dackel, Teckel)

Größe *7–14,5 kg, 26–28 cm*
Charakter *gelassen, verspielt, verträglich*
Bewegungsdrang *mäßig*
Pflege *minimal*

Kurzhaar-Dackel

Langhaar-Dackel

Dackel werden in den drei Größen Dackel, Zwergdackel und Kaninchendackel sowie in drei Haartypen gezüchtet. Aufgrund des Körperbaus leiden sie häufig an Rückenproblemen, wie etwa Bandscheibenvorfällen. Die Hunde sollten also vorsichtig hochgehoben und zu wildes Toben vermieden werden. Dackel sind sehr freundliche, gelassene und relativ unabhängige Hunde.

Der lange Rücken begünstigt Bandscheibenvorfälle.

Rauhaar-Dackel

△ **Erwachsen**
Dackel gibt es in den drei Haartypen Kurzhaar, Langhaar und Rauhaar, die alle sehr pflegeleicht sind. Zudem werden sie in verschiedenen Farbvarianten gezüchtet.

Zwergschnauzer

Größe *6–8 kg, 30–36 cm*
Charakter *lebhaft, verspielt, gesellig*
Bewegungsdrang *mäßig*
Pflege *täglich bürsten und regelmäßig schneiden*

Zwergschnauzerwelpen sind niedlich und verspielt. Mit einer sorgfältigen Sozialisierung werden sie ideale Familienhunde, da sie sich mit Kindern gut vertragen. Ursprünglich als Wachhunde und Ungezieferjäger für Höfe gezüchtet, warnen sie ihre Halter vor Eindringlingen. Übermäßiges Bellen muss daher früh kontrolliert werden. Sie können kleineren Tieren gefährlich werden, sollten also früh an Katzen gewöhnt werden. Sie sind intelligent und lernen bei eindeutiger Erziehung schnell. Eine frühe Gewöhnung ans Bürsten und Schneiden erleichtert die lebenslang intensive Fellpflege.

Das lange Haar um die Schnauze herum muss gründlich gereinigt werden.

△ **Schlau und lebhaft**
Zwergschnauzer sind eine temperamentvolle Rasse. Wer ihre Neugierde intensiv spielerisch nutzt, verhindert, dass sie sich selbst eine Beschäftigung suchen und Unheil anrichten.

△ **Erwachsen**
Erwachsene Zwergschnauzer sind lebhaft, aber grazil und nie tollpatschig. Kompakt gebaut, eignen sie sich auch für kleine Wohnungen.

Mittelgroße Hunde

Mittelgroße Hunde sind ideal für Menschen, die eigentlich einen großen Hund möchten, aber zu wenig Platz haben. Sie sind nicht so empfindlich wie kleine Hunde und daher besser für Familien mit Kindern geeignet.

Mittelgroße Hunde sind einfacher zu handhaben als große Hunde, aber gleichzeitig auch handfester als kleinere Hunde. Sie benötigen zwar viel Freilauf und lange Spaziergänge, ihr Bewegungsprogramm ist aber meist nicht so zeitintensiv wie das größerer Ras-

◁ **Eigensinnig**
Von Natur aus willensstark, benötigen Cocker-Spaniel-Welpen Halter mit einem starken Durchsetzungsvermögen.

sen. Zudem sind die Kosten für den Unterhalt – Futter oder Ausrüstung – geringer. Durch ihren kompakten Körperbau sind sie auch für kleinere Wohnungen und das Stadtleben geeignet. Sie sind meist robust genug, um mit Kindern und anderen Hunden zu toben, und weniger verletzungsanfällig als kleine Hunde. Im Gegensatz zu kleinen Hunden geraten sie auch nicht so schnell aus Versehen zwischen und unter Füße. Für Kinder sind sie einfacher zu bändigen als große Hunde, richten nicht so viel Schaden an, wenn sie

ungestüm werden, und sind auch für schwächere Personen gut kontrollierbar. Außerdem produzieren sie auch weniger Kot.

△ **Familienhunde**
Mittelgroße Hunde, wie Tibet Terrier, sind robuster als kleine Hunde. Sie rennen kleine Kinder aber auch nicht so schnell um wie große Hunde.

Shetland Sheepdog

Größe	6–7 kg, 35–37 cm
Charakter	schüchtern, sanft, sensibel
Bewegungsdrang	mäßig
Pflege	täglich gründlich bürsten

Die schüchternen und empfindsamen Hunde, auch Shelties genannt, brauchen sanfte, liebevolle Halter. Bei guter Sozialisierung mit vielen Kontakten lernen sie Selbstsicherheit. Dann sind sie verspielt und loyal. Da sie zur Ängstlichkeit neigen, werden sie bei gelassenen, entspannten Haltern am glücklichsten.

◁ **Erwachsen**
Die Shetland Sheepdogs wurden ursprünglich im 17. Jahrhundert auf den Shetlandinseln als Hütehunde gezüchtet.

Französische Bulldogge

Größe	10–12,5 kg, 30–31 cm
Charakter	anhänglich, kontaktfreudig, gutmütig
Bewegungsdrang	minimal
Pflege	minimal

Die Welpen dieser Rasse sind neugierig und lebenslustig. Sie stehen gerne im Mittelpunkt und ihr extrovertiertes Wesen macht sie zu kleinen Showstars. Schon seit dem 19. Jahrhundert als Gesellschaftshunde gezüchtet, sind Französische Bulldoggen erstklassige Haustiere. Sie bellen nur, wenn nötig, mögen es sauber und machen sich ungern schmutzig. Am besten eignen sie sich für entspannte, aber durchsetzungsstarke Halter. Ihr verkürztes Gesicht kann Schnarchen, Atemprobleme und bei Wärme Überhitzen verursachen.

◁ **Erwachsen**
Ausgewachsen haben sie einen kompakten, für ihre Größe schweren Körper und ein sanftes, fröhliches Wesen.

Tibet Terrier

Größe *8–13,5 kg, 36–41 cm*

Charakter *intelligent, bellfreudig, quirlig*

Bewegungsdrang *mäßig*

Pflege *täglich bürsten und regelmäßig schneiden*

Tibet Terrier wurden von tibetischen Mönchen als Wachhunde gezüchtet. Sie sind sehr lebhaft, ihre Bellfreude muss früh kontrolliert werden und die Welpen benötigen eine sorgfältige Sozialisierung. Eine frühe Gewöhnung an die intensive Fellpflege erleichtert es, das Fell später sauber zu halten.

◁ **Erwachsen**
Ausgewachsen haben sie ein langes, seidiges Haarkleid, das täglich gebürstet werden muss, um nicht zu verfilzen.

Staffordshire Bull Terrier

Größe *11–17 kg, 36–41 cm*

Charakter *quirlig, verspielt, energiegeladen*

Bewegungsdrang *hoch*

Pflege *minimal*

Bull-Terrier-Welpen sind freundlich und verspielt. Ursprünglich als Kampfhunde gezüchtet, haben sie einen harten Biss und zählen bei uns zu den sogenannten Listenhunden. Eine frühe, gründliche Sozialisierung mit anderen Hunden ist nötig. Menschen und besonders Kindern gegenüber sind sie freundlich. Die energiegeladenen Hunde benötigen lebhafte, aktive Familien.

△ **Erwachsen**
Der mutige und starke Hund kann ausgewachsen erstaunlich stark ziehen und braucht daher strikte Erziehung.

Fox Terrier

Größe *7–8 kg, 39–40 cm*

Charakter *resolut, lebhaft, impulsiv*

Bewegungsdrang *mäßig bis hoch*

Pflege *minimal*

Die zwei Fox-Terrier-Rassen Glatthaar und Drahthaar sind beide temperamentvoll und verspielt und haben denselben Ursprung. Sie wurden zum Aufscheuchen von Füchsen gezüchtet. Als Terrier sind sie leicht reizbar und können Kleintieren gefährlich werden. Eine frühe Sozialisierung mit anderen Tieren hilft, späteren Problemen vorzubeugen.

△ **Erwachsen**
Für Halter, die mit ihrem eigensinnigen Wesen umgehen können, sind sie elegante Begleiter.

Corgi

Größe *11–17 kg, 27–32 cm*

Charakter *intelligent, beschützerisch, loyal*

Bewegungsdrang *mäßig*

Pflege *minimal*

Beide Welsh-Corgi-Rassen, Cardigan und Pembroke, wurden als willensstarke Hütehunde gezüchtet. Daher benötigen die Welpen sorgsame Sozialisierung und Erziehung, um ihre natürliche Zurückhaltung zu überwinden. Die verspielten Hunde fühlen sich bei aktiven Haltern am wohlsten.

△ **Erwachsen**
Da sie früher auf diese Weise Rinder getrieben haben, neigen Corgis zum Fersenbeißen, was früh unterbunden werden sollte.

Beagle

Größe *8–14 kg, 33–40 cm*

Charakter *gesellig, unabhängig, bellfreudig*

Bewegungsdrang *mäßig bis hoch*

Pflege *minimal*

Beagle-Welpen sind sehr liebenswert. Ursprünglich zur Hasen- und Kaninchenjagd gezüchtet, haben sie einen starken Jagdtrieb und brauchen konsequente Erziehung. Mit ihrem freundlichen Wesen sind sie wundervolle Haustiere, wenn man auf Spaziergängen ihren Jagddrang unter Kontrolle bekommt.

◁ **Erwachsen**
Beagle sind gesellig und entspannt und verstehen sich gut mit Menschen und anderen Hunden.

Liebenswerter Rabauke
Staffordshire Bull Terrier sind als Welpen neugierig und brüten ständig neuen Unfug aus. Bei liebevoller Aufzucht und früher sorgsamer Sozialisierung mit anderen Hunden werden sie wunderbare Haustiere.

Whippet

Größe *12,5–13,5 kg, 43–50 cm*
Charakter *sanftmütig, ruhig, anhänglich*
Bewegungsdrang *mäßig*
Pflege *mäßig*

Whippets, die »Greyhounds für weniger Betuchte«, wurden Mitte des 19. Jahrhunderts für die Jagd auf Kaninchen und Kleinwild gezüchtet. Als Welpen sind sie sehr quirlig und zart, sodass beim Toben mit Kindern und anderen Hunden ein wenig Vorsicht angesagt ist. Whippets sind sanfte Geschöpfe und können schüchtern sein. Sie eignen sich daher am besten für liebevolle, einfühlsame Halter. Im Haus sind sie ruhig und anhänglich. Auf Spaziergängen macht sie ihr starker Jagddrang auf alles, was sich schnell bewegt, teils schwer kontrollierbar. Bei Kälte benötigen sie wegen ihres dünnen Fells Schutz.

Die schlanken Beine sind fragil.

△ **Erwachsen**
Whippets frieren nicht nur leicht, sondern ziehen sich aufgrund des dünnen Fells auch schnell Kratzer durch Dornen zu.

Bretonischer Spaniel

Größe *13–15 kg, 47–50 cm*
Charakter *intelligent, aktiv, aufgeweckt*
Bewegungsdrang *hoch*
Pflege *täglich gründlich bürsten*

Bretonische Spaniel sind begeisterte Arbeitshunde, die viel Beschäftigung brauchen. Die lebensfrohen, lebhaften Welpen lernen schnell, sind anhänglich und möchten gefallen. Sie sind ideal für aktive Familien, die Zeit und Energie für die Erziehung haben und sie mit Aufgaben fordern.

△ **Erwachsen**
Ausgewachsen benötigen diese Energiebündel Halter, die ihnen viel Bewegung und Training bieten.

Cocker Spaniel

Größe *13–15 kg, 38–41 cm*
Charakter *folgsam, aktiv, anhänglich*
Bewegungsdrang *hoch*
Pflege *regelmäßig bürsten, besonders die Ohren*

Cocker Spaniel wurden ursprünglich als Jagdhunde gezüchtet und sind lebhaft, aufmerksam und lernen schnell zu apportieren. In den niedlichen Welpen schlummert aber ein sehr starker und eigenwilliger Charakter. Um späteren Problemen mit dem Gehorsam vorzubeugen, sollte früh mit konsequenter Erziehung begonnen werden. Aufgrund ihres freundlichen Naturells zählen

◁ **Erwachsen**
Um ausgeglichen und zufrieden zu sein, brauchen Cocker Spaniel viel Bewegung und Spiel. Ihre Fellfarben reichen von gold bis schwarz.

Cocker Spaniel schon seit Jahren weltweit zu den beliebtesten Rassen. Durch ihre kompakte Größe sind sie ideale Haustiere für aktive Familien. Eine frühe Gewöhnung an die intensive Fellpflege macht es später beim ausgewachsenen Hund leichter, das Haarkleid und die langen Ohren sauber zu halten.

American Cocker Spaniel

In Amerika nur Cocker Spaniel genannt, gilt der American Cocker Spaniel in Europa seit Ende des 19. Jahrhunderts als eigene Rasse. Die sensiblen und willensstarken Energiebündel sind an ihrem höher gewölbten Kopf erkennbar.

Springer Spaniel

Größe *22–24 kg, 48–51 cm*
Charakter *energetisch, verspielt, quirlig*
Bewegungsdrang *sehr hoch*
Pflege *mäßig*

Sowohl Welsh als auch English Springer Spaniel sind freundlich und gesellig, und Individuen mit auffälligem Wesen sind selten. Der Springer Spaniel ist ideal für aktive Familien mit Kindern und möchte stets gefallen. Er wurde ursprünglich gezüchtet, um Wildvögel zur Jagd aufzuscheuchen und nach dem Abschuss zu apportieren. Leider kommen daher nur wenige Halter wirklich mit seiner enormen Energie klar. Er ist praktisch unermüdlich und sucht ständig nach Beschäftigung. Wer früh Apportieren und andere Spiele mit ihm einübt, dem ist es später einfacher möglich, dass der Hund sich verausgaben kann.

Die langen, behaarten Ohren brauchen regelmäßige Pflege.

△ **Erwachsen**
Das seidige schwarz-weiße oder leberbraun-weiße Haarkleid des Springer Spaniels sollte regelmäßig gebürstet werden.

Shar Pei

Größe *16–20 kg, 46–51 cm*
Charakter *distanziert, zurückhaltend, loyal*
Bewegungsdrang *mäßig*
Pflege *intensive Pflege der tiefen Hautfalten nötig*

Der Shar Pei hat gemeinsame Vorfahren mit dem Chow Chow und kann sehr distanziert sein. Um ausgeglichen zu werden, brauchen Welpen sorgsame Sozialisierung. Die aus modischen Gründen übertriebenen Hautfalten sorgen für Haut- und Augeninfektionen. Der Tierarzt sollte prüfen, ob der Hund gut sehen kann.

△ **Erwachsen**
Menschen, die einen Gefährten möchten, sind oft enttäuscht, da ausgewachsene Shar Peis häufig sehr distanziert sein können.

Bulldogge

Größe *23–25 kg, 30–36 cm*
Charakter *umgänglich, draufgängerisch, loyal*
Bewegungsdrang *minimal*
Pflege *minimal*

Bulldoggen sind gelassen und anhänglich und leiden aufgrund ihrer unnatürlichen Proportionen leider oft an Atemnot. Bewegung fällt ihnen schwer, sie ermüden schell, neigen bei warmem Wetter zum Überhitzen und schnarchen häufig. Die Welpen sind freundlich und gutmütig, haben aber aufgrund ihres breiten Kopfs einen harten Biss.

△ **Erwachsen**
Bulldoggen haben häufig Gesundheitsprobleme. Ihr freundliches Wesen ist aber unerschütterlich.

Bull Terrier

Größe *24–28 kg, 53–56 cm*
Charakter *resolut, beharrlich, loyal*
Bewegungsdrang *mäßig bis hoch*
Pflege *minimal*

Die als Welpen gutmütigen und verspielten Tiere neigen als Erwachsene zu Zwanghaftigkeit und können extrem willensstark sein. Es ist also sinnvoll, ihre enorme Energie schon früh auf das Spiel mit Spielzeug zu richten. Bull Terrier benötigen aktive Familien, bei denen sie sich durch Anregung, Bewegung und Spiel verausgaben können.

◁ **Erwachsen**
Bull Terrier entstanden im 19. Jahrhundert aus einer Kreuzung von Bulldogge und English White Terrier. Sie können verschiedene Fellfarben haben.

Große Hunde

Große Hunde eignen sich für Menschen mit viel Platz und Zeit. Ihre Erscheinung ist imposant, sie brauchen aber auch konsequente Erziehung und viel Bewegung und Spiel, um ihre Energie aufzubrauchen.

Große Hunde finden bei einer aktiven, sportlichen Familie ein ideales Heim. Ältere Kinder können sich mit ihnen beschäftigen und viel Spaß mit den Hunden haben. Viele

Halter genießen die langen Spaziergänge mit einem großen Hund und gut erzogen sind die Tiere äußerst imposante Begleiter. Leider sind sie nicht nur groß, sondern auch in allem teuer, vom Bettchen über Futterkosten bis zur Ferienunterbringung. Und man muss sich über den großen Zeitaufwand im Klaren sein für Bewegung, Beschäftigung und Spiel – auch an Tagen, an denen

◁ **Geborener Läufer**
Dalmatiner brauchen viel Freilauf, um sich richtig verausgaben zu können, und sind ideal für aktive Halter, die lange Spaziergänge lieben.

◁ **Energiebündel**
Große Hunde, wie Golden Retriever, sind zwar als Welpen genügsam, brauchen später aber viel Bewegung und Spiel, um ausgeglichen und glücklich zu sein.

viel Arbeit ansteht, die Zeit knapp oder das Wetter grässlich ist. Große Hunde geben aber auch eine größere Sicherheit und man hat einfach mehr zum Knuddeln. Trotzdem machen große matschige Pfoten eben auch mehr Dreck.

Border Collie

Größe	*14–22 kg, 46–54 cm*
Charakter	*intelligent, reaktionsfreudig, anhänglich*
Bewegungsdrang	*sehr hoch*
Pflege	*mäßig*

Seit Generationen als Schäferhund gezüchtet, ist der Border Collie schnell, liebt das Hetzen und ist ein reines Energiebündel. Die Welpen sind lebhaft, verspielt und lernen schnell. Ideal sind sportliche Familien, die viel Zeit in die Sozialisierung, Spiel, Erziehung und in immer neue Beschäftigungen stecken können, um die Hunde mental und körperlich zu fordern.

An Ohren und Gesicht lässt sich beim Border Collie viel ablesen.

△ **Lange Arbeitstradition**
Border Collies wurden einst im schottisch-englischen Grenzland als Schäferhunde gezüchtet und werden heute noch so genutzt.

◁ **Erwachsen**
Border Collies können sensibel sein und Geräuschphobien entwickeln. Sie sollten daher früh und sorgsam an laute Geräusche gewöhnt werden.

Kräftige Läufe erlauben flinke, wendige Bewegungen.

△ **Verspielte Welpen**
Die Hunde sollten früh lernen, ihre Energie beim Spiel abzuarbeiten, damit sie später nicht alles jagen, was ihnen in die Quere kommt.

Siberian Husky

Größe *16–27,5 kg, 51–60 cm*
Charakter *aktiv, intelligent, unabhängig*
Bewegungsdrang *sehr hoch*
Pflege *täglich gründlich bürsten*

Sibirische Huskys sind eigenwillige und unabhängige Jäger und verfügen über eine enorme Ausdauer. Sie sind anhängliche und liebenswerte Familienhunde, haben draußen aber gerne ihren eigenen Kopf. Welpen sind goldig und neugierig. Frühe Erziehung ist wichtig, da sie nach der Pubertät nur noch selten gefallen wollen.

△ Erwachsen
Als Schlittenhund gezüchtet, ist der Husky äußerst ausdauernd, stark und in seiner Familie umgänglich.

Das Fell ist dicht und doppellagig.

Basset Hound

Größe *18–27 kg, 33–38 cm*
Charakter *liebevoll, gesellig, unabhängig*
Bewegungsdrang *hoch*
Pflege *minimal*

Basset Hounds sind große Hunde mit einem unglücklich proportionierten, durch die Zucht betonten Körperbau. So entstanden kurze Läufe, ein langer Rücken, übergroße, lose Haut und lange Ohren. Sie haben ein gutmütiges Wesen und die Welpen sind liebevoll. Draußen sind sie teils schlecht abrufbar, da sie als Schweißhunde begeistert Fährten folgen.

△ Erwachsen
Basset Hounds wurden als Schweißhunde zur Kaninchenjagd gezüchtet.

Die sehr langen Ohren können beim Laufen hindern.

Bearded Collie

Größe *18–30 kg, 50–56 cm*
Charakter *verspielt, aktiv, sensibel*
Bewegungsdrang *sehr hoch*
Pflege *täglich gründlich bürsten*

Bearded Collies sind sensibel und gehen enge Bindungen ein, haben aber einen starken Hütedrang. Sie eignen sich für liebevolle Familien, die sie früh sorgfältig sozialisieren und den Hüteinstinkt spielerisch ausnutzen. Die Welpen sind verspielt und lernen schnell. Eine frühe Gewöhnung ans Bürsten erleichtert später die intensive Fellpflege.

◁ Erwachsen
Das lange, dichte und feine Haarkleid der erwachsenen Tiere muss täglich gründlich gebürstet werden, um nicht zu verfilzen.

Australian Shepherd

Größe *16–32 kg, 46–58 cm*
Charakter *intelligent, willensstark, aktiv*
Bewegungsdrang *sehr hoch*
Pflege *mäßig*

Der Name ist irreführend, denn die Rasse wurde auf Farmen im Westen der USA als Schäferhund gezüchtet. Die verspielten Welpen benötigen intensive Sozialisierung. Erwachsen sind die Hunde erstklassige, willensstarke Arbeiter und benötigen durchsetzungsfähige Halter, die ihnen viel Beschäftigung bieten können.

◁ Erwachsen
Die Tiere sind loyal und anhänglich. Sie fühlen sich bei Familien am wohlsten, die ihre enorme Energie spielerisch nutzen.

Collie (Langhaar)

Größe	*18–30 kg, 50–60 cm*
Charakter	*sensibel, loyal, sanftmütig*
Bewegungsdrang	*mäßig*
Pflege	*täglich gründlich bürsten*

Die einst als Schäferhunde gezüchteten Langhaar-collies sind intelligente und anhängliche Hunde. Als Welpen sind sie sensibel und scheu. Führt man sie in der Sozialisierung umsichtig an alles heran, was später für sie wichtig ist, wachsen sie zu entspannten Hunden heran. Ausge-wachsen lieben sie laufintensive Spiele.

△ **Erwachsen**
Die sensiblen Tiere benötigen ruhige Familien, die sich viel Zeit dazu nehmen, die Hunde behutsam in ihre neue Welt einzuführen.

Großpudel

Größe	*20,5–32 kg, über 38 cm*
Charakter	*intelligent, freundlich, aktiv*
Bewegungsdrang	*hoch bis sehr hoch*
Pflege	*täglich bürsten und regelmäßig schneiden*

Großpudel sind intelligente, elegante Tiere. Früher glaubte man irrtümlicherweise, die Perlschnurschur, die man heute noch bei Schauhunden sieht, schütze die Gelenke der Jagdhunde im Wasser vor Kälte. Inzwischen tragen die meisten Pudel eine im Alltag praktische, einheit-lich kurze Schur. Als Welpen sind Pudel lebhaft, anhänglich und verspielt. Sie arbeiten gerne und lernen schnell. An die täglich not-wendige Fell-pflege sollten sie früh und sanft herange-führt werden.

△ **Erwachsen**
Pudel sind lebhaft, intelligent, aber auch vorsichtig und bedacht. Sie fühlen sich am wohlsten, wenn sie viel Aufmerksamkeit erhalten.

Airedale Terrier

Größe	*20–22,5 kg, 56–61 cm*
Charakter	*intelligent, draufgängerisch, loyal*
Bewegungsdrang	*mäßig*
Pflege	*gelegentlich abgestorbene Haare auskämmen*

Airedale Terrier sind die größte Terrierart und wurden zur Jagd auf Otter und Dachse und als Wachhunde gezüchtet. Gemeinhin sind die Tiere sehr kinderlieb. Da sie einen starken Beschützer-drang haben, benötigen sie gründliche Sozialisierung, um zu ausgeglichenen Hunden heranzuwachsen. Die Halter sollten erfah-ren und in der Erziehung sehr konsequent sein.

◁ **Erwachsen**
Bei guter Sozialisierung sind Airedales loyal und beschützerisch gegenüber ihren Familien und robuste Spielkameraden für Kinder.

Dalmatiner

Größe	*22,5–25 kg, 50–61 cm*
Charakter	*unabhängig, aufgeschlossen, gesellig*
Bewegungsdrang	*sehr hoch*
Pflege	*minimal*

Die früher als Kutschhunde gezüchteten Tiere sind geborene Läufer. Halter sollten früh üben, die Tiere abzurufen, damit sie später zuverlässig zurückkom-men. Da die Tiere enorme Energie haben, sind aktive Halter ideal, die gerne lange spazieren gehen oder joggen. Dalmatiner neigen dazu, einen sehr starken eigenen Willen zu haben, benötigen also frühe und gründliche Sozialisierung.

△ **Erwachsen**
Erst im Alter von etwa zwei Wochen zeigen sich bei den Welpen die charak-teristischen dunklen Punkte.

— kurzes, gepunktetes Fell

Deutsch Kurzhaar

Größe *20–30 kg, 60–65 cm*
Charakter *gesellig, energetisch, verspielt*
Bewegungsdrang *sehr hoch*
Pflege *minimal*

Die Rasse Deutsch Kurzhaar wurde ursprünglich im 19. Jahrhundert als vielseitiger Jagdgebrauchshund gezüchtet. Die Tiere sind äußerst ausdauernd und möchten sehr gerne gefallen. Die Halter sollten viel Zeit haben, damit die Tiere ausgelastet sind. Die neugierigen und verspielten Welpen benötigen ausgelassene Spiele und anregende Beschäftigung. Wenn sie früh lernen zu apportieren, können sie ihre Energie später besser abarbeiten. Ausgewachsen sind die Tiere überschwänglich und liebevoll, immer aktionsbereit und haben schier endlose Energiereserven. Dies kann zu einem Problem werden, wenn sie nicht ausreichend Auslauf und Beschäftigung bekommen. Die Fellpflege ist unaufwendig. Das kurze Haar verfängt sich aber schnell in Stoffen und Kleidung.

Ein wacher, aufmerksamer Blick ist typisch.

△ **Erwachsen**
Beim erwachsenen Tier wird die Unterwolle durch Grannenhaare geschützt, die das Fell wasserdicht machen und den Hund warm halten.

Hervorragender Jagdhund

Der für seine Vielseitigkeit und Lernfreude bekannte Deutsch Kurzhaar ist ein exzellenter Jagdhund. Zum Hetzen, Vorstehen und Apportieren gezüchtet, sind die Tiere im Vergleich zu anderen Jagdhunden, wie etwa Settern, absolute Allroundtalente.

Boxer

Größe *25–32 kg, 53–63 cm*
Charakter *ungestüm, verspielt, freundlich*
Bewegungsdrang *sehr hoch*
Pflege *minimal*

Diese ungestümen Draufgänger müssen früh und sorgfältig sozialisiert werden. Sie passen zu jungen, aktiven und lebhaften Familien, die ihnen viel Abwechslung bieten. Gut erzogen, sind Boxer zu ihren Haltern sehr liebevoll und tolle Spielkameraden für Kinder. Aufgrund des verkürzten Kopfes neigen die Hunde allerdings zum Sabbern und zum Schnarchen.

◁ **Erwachsen**
Boxer machen ihrem Namen alle Ehre, da sie beim Spielen die Angewohnheit haben, mit den Vorderpfoten zu »boxen«.

Labrador Retriever

Größe *25–36 kg, 55–62 cm*
Charakter *folgsam, gesellig, verspielt*
Bewegungsdrang *sehr hoch*
Pflege *minimal*

Nicht ohne Grund zählen Labradore seit Langem zu den beliebtesten Familienhunden. Sie sind entspannte und gutmütige Wesen. Gut erzogen und sozialisiert sind sie zu jedermann freundlich, sind aber weiterhin wachsam und schlagen bei Unerwartetem an. Die auch heute noch zur Jagd gezüchteten Tiere sind sehr ausdauernd, möchten gefallen und sind jederzeit sehr hilfsbereit, weshalb sie auch häufig als Assistenzhunde für Behinderte oder als Spür- und Suchhunde bei Polizei und Rettungsdiensten eingesetzt werden. Auch die Haustiere kann man gut dazu trainieren, im Haushalt kleine Aufgaben zu übernehmen. Eine strenge Gewichtskontrolle ist nötig, da sie Futter lieben und enormen Appetit haben. Sie bedienen sich bei Gelegenheit gerne selbst, was schon früh unterbunden werden sollte. Lernen die Hunde bereits jung zu apportieren, fällt später der Abruf leichter und sie lernen, ihre Energie abzuarbeiten. Die agilen und verspielten Welpen lernen schnell, ihre natürliche Übermütigkeit im Spiel auszutoben.

wache, intelligente Augen

△ **Erwachsen**
Labradore machen sich gerne nass und sind schnelle Schwimmer. Welpen sollten langsam ans Wasser gewöhnt werden.

lange, kräftige Rute

△ **Gutmütiges Naturell**
Labradore sind äußerst lebenslustige Hunde. Sie lieben es, mit Spielzeug herumzutoben, und eignen sich daher perfekt als Familienhunde.

Bereitwillige Arbeiter

Labradore werden für verschiedenste Arbeiten eingesetzt. So helfen einige als Assistenzhunde Behinderten bei der Bewältigung ihres Alltags, wie etwa beim Einkauf. Durch ihren starken Drang zu gefallen arbeiten sie begeistert den ganzen Tag lang für kleine Belohnungen und ihr sanftes Wesen macht sie zu tollen Gefährten.

△ **Ausdauernde Jäger**
Die zur Jagd gezüchteten Hunde haben ein hohes Energiepotenzial und genügend Ausdauer, um den ganzen Tag zu jagen.

Hovawart

Größe *25–41 kg, 58–70 cm*

Charakter *intelligent, loyal, beschützerisch*

Bewegungsdrang *sehr hoch*

Pflege *mäßig*

Die schlauen und agilen Hunde haben einen starken Schutzdrang und schützen ihre Familien und ihr Territorium. Sie sollten sorgfältig sozialisiert werden, um auch Fremde zu tolerieren. Die Welpen dieser Rasse sind sehr aktiv, liebenswert und lernfreudig. Sie profitieren von Haltern, die ihre Energie mit viel Spielen aufbrauchen.

anliegendes, langes und gewelltes Haar

△ **Erwachsen**
Die loyalen Howawarts sind gute Wachhunde. Im Mittelhochdeutschen bedeutete ihr Name »Hofwächter«.

Belgischer Schäferhund

Größe *27,5–28,5 kg, 56–66 cm*

Charakter *folgsam, intelligent, beschützerisch*

Bewegungsdrang *sehr hoch*

Pflege *je nach Varietät/Schlag verschieden*

Die vier verschiedenen Schläge des Belgischen Schäferhundes – Malinois, Tervueren, Groenendael und Laekenois – sind nach ihren Herkunftsregionen benannt. Vom Wesen sind sie sich aber alle sehr ähnlich. Die empfindsamen, sensiblen Hunde brauchen einfühlsame Sozialisierung, um sich in ihre Umgebung einzufinden. Ausgewachsen jagen sie gerne und ihre enorme Energie sollte schon von klein auf spielerisch kanalisiert werden.

△ **Erwachsen**
Belgische Schäferhunde fühlen sich bei entspannten und durchsetzungsstarken Haltern am wohlsten.

Golden Retriever

Größe *27–36 kg, 51–61 cm*

Charakter *gesellig, verspielt, liebenswürdig*

Bewegungsdrang *hoch*

Pflege *täglich bürsten*

Schon seit vielen Jahren zählt der Golden Retriever weltweit zu den beliebtesten Hunderassen, und das nicht ohne Grund. Die ursprünglich und auch weiterhin als Jagdhunde gezüchteten Tiere sind anhänglich, gelassen und ruhig. Die Welpen haben schier endlose Energie und ein offenes, freundliches Wesen. Sie gefallen gerne und lernen sehr schnell, was die Erziehung einfach macht. Sie können besitzergreifend sein, sollten also früh lernen, Spielzeug oder Knochen wieder herzugeben. Aktive Familien, die ihnen viel Anregung, Spaß, Bewegung und Spiel bieten, sind für Golden Retriever ideal.

△ **Tolle Spielgefährten**
Mit ihrem großen Spieltrieb sind Golden Retriever ideale Hunde für Familien mit Kindern. Dazu muss der Hund aber lernen, sein Spielzeug abzugeben.

langes, dichtes und gewelltes Fell

▷ **Erwachsen**
Das dichte Fell des Golden Retrievers haart stark und sollte täglich gründlich gebürstet werden.

Deutsch Drahthaar

Größe *27–32 kg, 61–68 cm*

Charakter *folgsam, energiegeladen, verspielt*

Bewegungsdrang *sehr hoch*

Pflege *minimal*

Wie sein naher Verwandter, der Deutsch Kurzhaar, sind auch die Deutsch Drahthaar vielseitige,
robuste Jagdgebrauchshunde und haben schier
endlose Energie. Sie können Fremden gegenüber
teils scheu und skeptisch reagieren und benötigen
als Welpen sorgfältige Sozialisierung. Die stets
aktionsbereiten, anhängli-
chen und sensiblen Hunde
wollen gefallen und fühlen
sich bei einem, sanften aber
bestimmten Halter am wohlsten,
der viel Zeit für sie hat und
lange Spaziergänge mit ihnen
unternimmt.

Der Bart sollte
regelmäßig gerei-
nigt werden.

◁ **Erwachsen**
Das drahtige Haar der
ausgewachsenen Tiere
schützt die Jagdhunde bei
der Arbeit vor Wind und
Wetter. Sie entwickeln
einen kurzen Bart.

Flat Coated Retriever

Größe *25–36 kg, 56–61 cm*

Charakter *sanftmütig, anhänglich, kontaktfreudig*

Bewegungsdrang *hoch*

Pflege *minimal*

Flat Coated Retriever haben
ein duldsames und aufmerk-
sames Naturell und sind ideale
Familienhunde. Sie sind stets aktionsbereit, lieben Apportierspiele und
sind als Welpen extrem verspielt. Die
Hunde sind zwar kaum tollpatschig und
ungestüm, benötigen aber viel Beschäftigung und Bewegung, um ihre Energie
aufzubrauchen. Nur dann können
sie zu Hause wirklich entspannen.
Die zu jedermann freundlichen
und aufgeschlossenen Hunde
sind zwar keine guten Wachhunde, aber dafür sind sie auch
für unerfahrene Halter gut
geeignet. Beim Lernen sind sie
teilweise ein wenig langsam. Für
ihre Erziehung muss man daher ein
wenig Geduld aufbringen.

Das Welpenfell
ist weich und
flauschig.

△ **Familienhund**
Die geselligen und entspannten
Hunde schließen schnell Freund-
schaft und fügen sich gerne in
Familien ein.

▷ **Erwachsen**
Flat Coated Retriever wurden ursprünglich im 19.
Jahrhundert in England
als vielseitige Jagdhunde
gezüchtet.

Deutscher Schäferhund

Größe *28–44 kg, 55–66 cm*
Charakter *intelligent, beschützerisch, loyal*
Bewegungsdrang *sehr hoch*
Pflege *täglich bürsten, besonders bei langem Fell*

Deutsche Schäferhundwelpen sind sensibel und empfindsam, lernen schnell und sind verspielt. Sie können schüchtern sein und benötigen eine liebevolle Sozialisierung, um später allen Situationen gewachsen und selbstsicher zu sein. Achten Sie darauf, dass der Züchter bereits früh mit der Sozialisierung beginnt und die Welpen behutsam auf ihren Alltag als Haustier vorbereitet. Die ausgewachsenen Hunde sind intelligent, loyal und binden sich eng an ihre Menschen. Schäferhunde werden oft als »Ein-Mann-Hunde« bezeichnet, gehen aber auch mit anderen Menschen, denen sie vertrauen, enge Bindungen ein. Bei positivem und konsequentem Training lernen sie äußerst schnell. Sie sind ausgezeichnete Arbeits- und Wachhunde. Eine gute Erziehung sorgt dafür, dass sie ihren starken Beschützerdrang nicht auf Postboten oder Lieferanten ausweiten oder ständig anschlagen. Deutsche Schäferhunde sind energiegeladen und lieben aktive Halter, bei denen sie ihren Jagddrang schon von früh auf bei Apportierspielen kontrolliert ausleben können.

Die zunächst hängenden Ohren richten sich später auf.

Breite Pfoten tragen den kräftigen Körper.

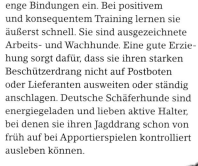

◁ **Erwachsen**
Durch die Zucht wurde der Rücken immer mehr abgesenkt, was zu Hüft- und Hinterhandproblemen führt. Achten Sie auf gesunde Welpen mit geradem Rücken.

Rhodesian Ridgeback

Größe *29,5–38,5 kg, 60–69 cm*
Charakter *unabhängig, zurückhaltend, beschützerisch*
Bewegungsdrang *hoch*
Pflege *minimal*

Rhodesian Ridgebacks sind in der Familie liebevolle, loyale Tiere und vertragen sich gut mit Kindern. An Fremde und andere Hunde sollten sie sorgsam und früh gewöhnt werden. Ihr starker Jagddrang kann problematisch sein, da sie gerne Fahrzeuge und andere Tiere hetzen. Die Erziehung sollte früh einsetzen, da die Welpen noch gefallen wollen. Sicheres Abrufen ist wichtig.

◁ **Erwachsen**
Die unabhängigen, agilen, Fremden gegenüber distanzierten Tiere lieben lange Spaziergänge und verlieren schnell Interesse an Spielzeug.

Dobermann

Größe *30–40 kg, 60–70 cm*
Charakter *intelligent, wachsam, beschützerisch*
Bewegungsdrang *hoch*
Pflege *minimal*

Der Dobermann wurde im 19. Jahrhundert als Wachhund gezüchtet. Heute ist der Schutzdrang der Tiere nicht mehr so ausgeprägt. Für erfahrene und durchsetzungsfähige Halter sind die hochintelligenten Hunde daher auch leicht erziehbar und gut als Haustiere geeignet. Die Tiere müssen allerdings die Chance haben, sich ordentlich zu verausgaben, um ihre viele Energie loszuwerden.

△ **Erwachsen**
Dobermänner wirken imposant, lassen sich aber schnell beunruhigen und brauchen sanfte, aber konsequente Halter.

Riesenschnauzer

Größe *32–35 kg, 60–70 cm*

Charakter *intelligent, loyal, beschützerisch*

Bewegungsdrang *hoch*

Pflege *täglich bürsten und regelmäßig trimmen/schneiden*

Diese großen Hunde sind gutmütig, intelligent, beschützerisch und benötigen erfahrene Halter. Ursprünglich zum Hüten von Rindern gezüchtet, sind sie beeindruckend groß und eigenständig, warum sie früh und gründlich sozialisiert werden sollten. Die Welpen sind verspielt und lernen daher schnell, ihre überschüssige Energie beim Spielen abzuarbeiten.

▷ **Erwachsen**
Eine konsequente Erziehung verhindert, dass die Hunde Besucher mit ihrem typischen lauten Bellen erschrecken.

Weimaraner

Größe *32–39 kg, 56–69 cm*

Charakter *energiegeladen, überschwänglich, verspielt*

Bewegungsdrang *sehr hoch*

Pflege *minimal*

Die als vielseitige Jagdhunde gezüchteten Weimaraner sind sehr energiegeladen und benötigen sehr viel Beschäftigung. Wenn sie nicht genügend Bewegung bekommen, sind sie unausgelastet und suchen sich etwas zu tun. Vor dem Kauf eines Welpen sollten Sie überlegen, ob Sie mit diesen Energiebündeln Schritt halten können. Bei zu wenig Bewegung frieren die Hunde aufgrund des dünnen Fells schnell. Bringt man ihnen früh das Apportieren bei, ist es später einfacher, die ausgewachsenen Tiere wirklich ausreichend auszulasten.

Leuchtend blaue Augen färben sich später grau oder bernsteinfarben.

◁ **Erwachsen**
Die eleganten Weimaraner sind loyal, intelligent und überschwänglich, mit genügend Energie für den ganzen Tag.

Akita

Größe *35–50 kg, 60–70 cm*

Charakter *distanziert, beschützerisch, unabhängig*

Bewegungsdrang *hoch*

Pflege *täglich gründlich bürsten*

Akitas sind distanzierte, unabhängige und Achtung gebietende Hunde. Sie wurden gezüchtet, wenig Emotionen zu zeigen, und sind besonders bei Haltern beliebt, die imposante Hunde mögen. Sie müssen früh und sorgsam an andere Hunde gewöhnt werden, um später gelassen mit ihnen umzugehen. Gut erzogen sind die sauberen, ruhigen Hunde loyale Familienbeschützer.

△ **Erwachsen**
Akitas wurden im 17. Jahrhundert zur Bärenjagd und für Hundekämpfe gezüchtet.

Bordeauxdogge

Größe *36–45 kg, 58–69 cm*

Charakter *mutig, loyal, beschützerisch*

Bewegungsdrang *hoch*

Pflege *minimal*

Es braucht konsequente Halter, die mit dem starken Willen und der Kraft dieser Tiere umgehen können. Als Welpen sind sie verspielt und lebenslustig, benötigen aber frühe Erziehung und Sozialisierung mit anderen Hunden, um später ausgeglichen und entspannt mit ihnen umgehen zu können. Aufgrund ihres verkürzten Kiefers neigen die Hunde dazu, zu schnarchen und zu sabbern.

faltiges Gesicht

△ **Erwachsen**
Man vermutet, dass die energiegeladene Rasse aus Frankreich stammt und dort für Hundekämpfe gezüchtet wurde.

Sehr große Hunde

Sehr große Hunde sind nur etwas für Begeisterte, die viel Platz und Zeit für die Tiere haben. Die Haltung der oft sanften Riesen ist aufwendig. Leider ist ihre Lebenserwartung meist geringer als die kleiner Hunde.

Sehr große Hunde sind schlicht beeindruckend und geben ihren Besitzern ein Gefühl der Sicherheit. Leider ist ihre Haltung auch sehr teuer. Schon allein, um sie sicher transportieren zu können, ist meist der Kauf eines größeren Autos erforderlich. Erstaunlicherweise benötigen sehr große Hunde fast alle weniger Bewegung als ihre kleineren, leichteren und agileren Verwandten. Daher fühlen sie sich bei Haltern wohl, die das Leben gerne etwas entspannter angehen. Besonders die Welpen, die ihren massigen Körper noch nicht beherrschen, benötigen allerdings einen großen Garten, in dem sie herumtollen und laufen können, ohne dauernd scharf wenden zu müssen. Halter sollten vor dem Kauf bedenken, dass sie einen solchen Hund bei Verletzung nicht einfach tragen können und ihn im Zweifelsfall, wenn er es wirklich darauf anlegt, auch nicht mit der Leine halten können.

▷ **Kraftpaket**
Bullmastiffs sind nicht nur groß, sondern auch äußerst kräftig. Wer diese Riesen kontrollieren können will, muss selbst sehr stark sein.

Leonberger

Größe	*34–50 kg, 65–80 cm*
Charakter	*ruhig, beschützerisch, anhänglich*
Bewegungsdrang	*hoch*
Pflege	*täglich bürsten*

Der Leonberger wurde im 19. Jahrhundert durch Kreuzung von Neufundländer, Bernhardiner und ein paar anderen Rassen gezüchtet. Heraus kam ein anhänglicher, sanfter Riese, der als Wach- und Familienhund sehr beliebt ist. Leonberger sind mit Kindern sehr vorsichtig, können aber einen starken Beschützerinstinkt haben. Eine frühe Sozialisierung und Erziehung verhindert, dass später daraus Probleme erwachsen. Auch Leinenführigkeit sollte bei der Größe der Hunde früh trainiert werden, damit Spaziergänge entspannt bleiben. Da Leonberger ein dichtes Fell haben, müssen sie täglich gebürstet werden.

◁ **Erwachsen**
Aufgrund ihres dichten Fells überhitzen Leonberger schnell, was zu starkem Hecheln und Sabbern führt.

Kreuzungserfolg

Ein Stadtrat von Leonberg bei Stuttgart wollte eine Hunderasse züchten, die dem Löwen im Wappen seiner Stadt ähnelte. Er kreuzte Neufundländer, Vorfahren des Bernhardiners und verschiedene andere Rassen und heraus kam der Leonberger. Das dunkle Fell mit schwarzer Maske wurde später entwickelt.

Berner Sennenhund

Größe *40–44 kg, 58–70 cm*

Charakter *ruhig, beschützerisch, gesellig*

Bewegungsdrang *mäßig*

Pflege *täglich bürsten*

Berner Sennenhunde sind ihren Menschen gegenüber anhänglich und liebevoll und sind gute Familienhunde. Damit ihr starker Schutzinstinkt später nicht zum Problem wird, sollten sie als Welpen sorgfältig sozialisiert werden. Die enorme Stärke der Hunde, die ursprünglich als Zug-, Treib- und Wachhunde gezüchtet wurden, lässt sich durch frühes Training der Leinenführigkeit kontrollieren.

△ **Erwachsen**
Ihr massiger Körper schränkt die energiegeladenen Tiere nicht ein und so braucht es einen starken Halter.

Rottweiler

Größe *41–50 kg, 58–69 cm*

Charakter *beschützerisch, loyal, wachsam*

Bewegungsdrang *hoch*

Pflege *minimal*

Rottweilerwelpen sind sehr verspielt, lebenslustig, intelligent und begreifen schnell – es ist also wichtig, schon früh nur gute Gewohnheiten zu fördern. Da sie sehr groß und stark werden, ist eine gründliche Sozialisierung nötig, damit ihr starker Schutzinstinkt später nicht zum Problem wird. Rottweiler eignen sich am besten für erfahrene, durchsetzungsstarke Halter, die sie konsequent erziehen und ihnen mit viel Bewegung und Beschäftigung genügend Abwechslung bieten, dass die Tiere sich wirklich verausgaben und gefordert fühlen.

△ **Erwachsen**
Die starken und selbstsicheren Rottweiler stammen aus Deutschland und wurden als Wachhunde gezüchtet

kräftige
Hinterbeine

Bullmastiff

Größe *41–59 kg, 64–69 cm*

Charakter *mutig, beschützerisch, loyal*

Bewegungsdrang *mäßig*

Pflege *minimal*

Die ursprünglich von englischen Jagdaufsehern zum Stellen von Wilderern gezüchteten Bullmastiffs sind kraftvolle Tiere und haben einen starken Schutzinstinkt. Damit dieser beim erwachsenen Tier nicht zum Problem wird, benötigen sie gründliche und frühe Sozialisierung und erfahrene, konsequente Halter. Die Welpen sind verspielt und gutmütig sowie Kindern und anderen Tieren gegenüber freundlich.

△ **Erwachsen**
Die meist freundlichen Bullmastiffs können einen starken Schutzinstinkt für ihre Familien haben – es ist also Vorsicht geboten.

Lockere, faltige Haut ermöglicht schnelles Wachstum.

Kräftige Beine tragen den massigen Körper.

Neufundländer

Größe *50–68 kg, 66–71 cm*

Charakter *ruhig, gesellig, anhänglich*

Bewegungsdrang *mäßig*

Pflege *täglich bürsten*

Da diese Hunde auf der kanadischen Insel Neufundland von Fischern als Arbeitshunde gezüchtet wurden, lieben die großen, entspannten und geselligen Tiere das Wasser. Die Welpen sind lebenslustig, lernen aber teilweise etwas langsam. Da sie ein sehr dichtes Fell haben, überhitzen sie schnell, was zu starkem Hecheln und Sabbern führen kann. Die ausgewachsenen Hunde haben enorme Kraft und sollten daher früh lernen, entspannt und ohne zu ziehen an der Leine zu laufen.

△ **Erwachsen**
Die erwachsenen Tiere hecheln, um sich zu kühlen, und sabbern daher.

anliegendes, dichtes und fettiges Fell

Deutsche Dogge

Größe *50–80 kg, 79–92 cm*

Charakter *verspielt, unabhängig, sanftmütig*

Bewegungsdrang *mäßig*

Pflege *minimal*

Diese sanften Riesen wurden ursprünglich zur Jagd auf Wildschweine gezüchtet. Auch heute haben vor allem die Jungtiere noch einen starken Jagdinstinkt, hetzen gerne anderen Tieren hinterher und können schnell laufen. Das kann auf Spaziergängen problematisch sein. Doggen sind vom Wesen her typische Jagdhunde, ihren Menschen gegenüber sehr anhänglich, aber auch unabhängig und mit eigenem Kopf. Bei guter Sozialisierung können sie zu ausgeglichenen, freundlichen Hunden heranwachsen. Um die großen Tiere gut kontrollieren zu können, sollten sie früh apportieren lernen und sicher abrufbar ein.

Die enorme Pfotengröße deutet an, wie groß der Hund wird.

geflecktes Fell

goldgelbes Fell

△ **Erwachsen**
Deutsche Doggen gehören zu den größten Hunderassen der Welt. Es gibt sie in den Fellfarben blau, gestromt, schwarz, goldgelb und gefleckt.

Starke Beine tragen den riesigen Körper.

Bernhardiner (St. Bernhardshund)

Größe *50–91 kg, 61–71 cm*

Charakter *sanftmütig, gesellig, loyal*

Bewegungsdrang *mäßig*

Pflege *täglich bürsten*

Bernhardiner sind sanfte Riesen und als Welpen sehr anhänglich und lebenslustig. Eine umfangreiche frühe Sozialisierung und Erziehung stellt sicher, dass auch der erwachsene, sehr starke Hund kontrollierbar bleibt. Da Bernhardiner als Lawinenhunde gezüchtet werden, überhitzen sie unter ihrem dichten Fell sehr schnell. Durch starkes Hecheln kühlen sie sich, wodurch die Hunde häufig sabbern.

△ **Erwachsen**
Die gelassenen und freundlichen Bernhardiner sind ihren Haltern sehr zugetan und eignen sich gut als Familienhunde.

Große, hängende Lippen begünstigen tropfenden Speichel

Mischlinge und Kreuzungen

Kreuzungs- und Mischlingswelpen sind oft wunderbare Haustiere. Jeder dieser Hunde ist in Wesen und Aussehen einzigartig. Nur ist bei ihnen eben schwer vorhersehbar, zu was für einem Hund sie heranwachsen.

Mischlinge sind eine Mischung verschiedener Rassen, Kreuzungen haben zwei Rassehunde als Eltern. In Ländern, in denen Streuner regelmäßig eingefangen werden, sind Mischlinge selten.

Zu Kreuzungen kommt es häufig, wenn Züchter die Vorteile zweier Rassen miteinander kombinieren möchten. Dies erweitert den Genpool und senkt das Risiko von Erbkrankheiten. In jüngster Zeit erfreuen sich diese Hunde zunehmender Beliebtheit, was vermutlich daran liegt, dass die Halter die bei Rassehunden weitverbreiteten Erbkrankheiten vermeiden möchten.

◁ **Der Sprocker Spaniel**
Sprocker sind eine Kreuzung aus Springer und Cocker Spaniel. Ihren lebhaften und arbeitswilligen Charakter haben sie von beiden Eltern.

◁ **Überraschung**
Dieser Welpe ist ein Schäferhundmischling. Seine volle Größe und sein Charakter bleiben vorerst ein Rätsel.

Es ist teils schwer vorhersagbar, welchen Charakter Welpen mit gemischten Genen entwickeln und wie groß sie werden. Wer aber Überraschungen liebt, erhält auf jeden Fall einen einzigartigen Hund.

Ganz die Eltern
Bei vielen Kreuzungen sind beide Eltern deutlich erkennbar, bei manchen setzt sich nur eine Rasse durch (links Mitte und links unten). Auch der Charakter wird von beiden Elternrassen bestimmt.

2

Ihr neuer Welpe

Erste Schritte

Den Welpen kennenlernen

Was der Welpe braucht

Erste Schritte

Es ist so weit, das Warten und die Vorbereitungen haben ein Ende, Sie holen den Welpen ab. Für jeden frischgebackenen Hundebesitzer ist das aufregend, vor allem, wenn Kinder mit dabei sind. Wie so oft zählt auch hier der erste Eindruck: Gestalten Sie den Umzug für den Welpen so angenehm wie möglich und heißen Sie ihn willkommen. Sein erstes Zuhause, seine Mutter und seine Geschwister zu verlassen ist für ihn ein schwieriger Schritt. In diesem Kapitel erfahren Sie, welche Vorbereitungen vor dem Einzug des Welpen nötig sind und was er in den ersten Wochen ohne seine Mutter braucht, um sich schnell einleben zu können.

LEBEN IN DER NEUEN FAMILIE
Es dauert ein paar Wochen, bis der Welpe sich eingewöhnt, seine Umgebung kennt und seinen Platz in der neuen Familie findet.

Der Welpe zieht ein

Für Sie ist der Einzug des Welpen spannend und schön, für ihn kann er sehr beunruhigend sein. Mit ein paar ganz einfachen Verhaltensregeln können Sie Ihrem Welpen den Einstieg in sein neues Leben erleichtern.

Der richtige Zeitpunkt

Eine Woche macht im Leben eines Welpen einen riesigen Unterschied *(S. 63)*. Am besten holen Sie ihn ab, wenn er acht Wochen alt ist. Zu diesem Zeitpunkt ist er entwöhnt, hat seine Geschicklichkeit im Spiel mit den Geschwistern trainiert und die ersten Lektionen von der Mutter gelernt. Er ist aber gleichzeitig noch jung genug, sich leicht in das Leben in Ihrer Familie einzugewöhnen. Da ab der achten Woche die wichtige Prägephase beginnt, sollte man den Welpen nicht länger beim Züchter lassen. Ein, zwei Wochen länger, und er prägt sich womöglich zu sehr auf Hunde als auf Menschen und ist schwerer zu erziehen, als wenn er früher an den Umgang mit Menschen gewöhnt wird.

Gut vorbereitet

Bevor der Welpe einzieht, sollten Sie Haus und Garten einmal mit den Augen eines Welpen betrachten und alles einsammeln, womit er sich verletzen könnte. Mögliche giftige Pflanzen im Garten sollten entweder entfernt oder unzugänglich gemacht werden. Verschließen Sie Löcher im Zaun und stellen Sie sicher, dass der Welpe unter Absperrungen, die ihn vor Gefahr schützen sollen, nicht hindurch- oder daran vorbeikann.

Überlegen Sie im Voraus, wo der Welpe schlafen soll. Er braucht einen warmen und zentral gelegenen Schlafplatz, an dem er seine Familie im Blick hat, der aber auch ruhig ist. Er sollte ungestört schlafen können und nicht durch Aktivitäten im Haushalt abgelenkt werden. Investieren Sie nicht in ein teures Hundebettchen, bevor der Welpe die Kauphase nicht hinter sich hat. Ein kräftiger Karton mit einer Wolldecke und einem abgesenkten Einstieg ist völlig ausreichend. Eine mögliche Alternative ist ein stabiles Kunststoffbett für einen ausgewachsenen Hund, das für den Welpen dick ausgeschlagen wird, damit es kuschelig ist.

> **»Holen** Sie den Welpen am besten zu sich, wenn er **acht Wochen alt** ist.«

◁ **Ins neue Heim**
Holen Sie Ihren Welpen lieber mit acht statt mit neun oder zehn Wochen ab. Je länger er beim Wurf ist, desto stärker ist er später auf Hunde statt auf Menschen geprägt.

▷ **Praktische Gitter**
Mit einem Tür- oder Treppengitter können Sie dafür sorgen, dass der Welpe in einem Zimmer bleibt, ohne sich alleine zu fühlen, da er Sie beobachten kann.

▷ Ein wenig Ruhe

Wenn der Welpe ungestört sein möchte, muss er sich ins Spielgehege zurückziehen können. Das sollten auch Kinder respektieren. Wenn die Kinder ungestört spielen möchten, gehört der Welpe auch ins Gehege.

▽ Erholungspausen

Locken Sie den Welpen mit Leckerchen und Kauknochen ins Gehege, damit er zur Ruhe kommt. Sperren Sie ihn immer erst ein, wenn er sich ausgetobt und sein Geschäft verrichtet hat.

Das Spielgehege

Eine sinnvolle Anschaffung für einen Welpen ist ein Spielgehege. Es ist praktischer als eine Metallbox, denn es bietet neben der Schlafecke auch Platz für eine Zeitung, die der Hund als Toilette benutzen kann. Ist der Welpe im Haus, kann das Spielgehege offen bleiben. So kann er von selbst hineingehen, wenn er schlafen möchte. Wenn Sie aus dem Haus müssen oder ihn eine Zeit nicht beaufsichtigen können, dient das Spielgehege als Laufstall. Es verhindert, dass der Welpe sich unbeaufsichtigt schlechte Gewohnheiten zulegt. Belohnen Sie bellen im Spielgehege oder das Hochspringen an den Gittern nicht mit Aufmerksamkeit. Lassen Sie den Welpen aber nie länger als eine Stunde im Gehege. Dann ist es Zeit für eine Gassi- und eine Spielrunde.

◁ Neues Familienmitglied

Geben Sie Ihrem neuen Welpen viel Zeit, um sich bei Ihnen einzugewöhnen, beobachten Sie ihn und schenken Sie ihm viel Aufmerksamkeit.

Bei Übergabe des Welpen

■ Lassen Sie sich das Futter, an das der Welpe gewöhnt ist, für die erste Woche mitgeben.

■ Nehmen Sie ein Tuch aus seinem alten Lager mit. Es wird den Welpen in den ersten Nächten beruhigen.

■ Erkundigen Sie sich nach seinen Fütterungs- und Gassizeiten.

■ Lassen Sie sich die vom VDH/FCI anerkannte Ahnentafel geben.

■ Lassen Sie sich Impfausweis und Gesundheitszeugnisse aushändigen.

Die Familie kennenlernen

Ruhe und das Vermeiden schlechter Erfahrungen sind das Wichtigste, wenn der neue Welpe die Familie kennenlernt. Mit etwas Planung und Umsicht gelingt das und legt den Grundstein für eine lebenslange Freundschaft.

Der erste Eindruck

Bringen Sie den Welpen nach der Ankunft zuerst in den Garten, damit er sich umsehen und erleichtern kann. Die Fahrt war anstrengend für ihn und ihm wird vielleicht ein wenig übel sein. Das Herumlaufen sorgt für die nötige Entspannung.

Hat sich der Welpe von den Strapazen der Fahrt etwas erholt und fühlt sich sicherer, sollte er ihren anderen Hund kennenlernen, falls Sie bereits einen haben. Mag der alte Hund Welpen, kann das Kennenlernen im Garten stattfinden. Sind Sie unsicher, gehen Sie mit den Hunden an einen neutralen Ort mit genügend Platz, wo möglichst keine anderen Hunde sind. Schließlich hat da der Welpe noch keinen vollen Impfschutz. Lassen Sie den Hunden genügend Raum, engen Sie sie nicht ein und greifen Sie nur ein, wenn einer der beiden ängstlich oder aggressiv wird. Falls nötig, halten Sie den wilderen Hund vor dem zweiten Versuch eine Zeit lang fest, damit der andere sich beruhigen kann. Nicht alle erwachsenen Hunde mögen Welpen. Achten Sie bei Ihrem alten Hund auf Stresssignale, die in Aggression umschlagen können. Lenken Sie in einem solchen Fall den Welpen ab und gönnen Sie dem älteren Hund eine Pause. Gehen Sie nach dem Kennenlernen mit beiden gemeinsam ins Haus. Zankobjekte, wie Spielzeug oder Bettchen, sollten allerdings vorher weggeräumt werden. Um keine Eifersucht aufkommen zu lassen, kümmern Sie sich kurz intensiv um ihren alten Hund.

◁ **Entspanntes Kennenlernen**
Menschen, die sitzen und ein Leckerchen anbieten, sind wesentlich weniger einschüchternd. So kann der Welpe die anderen Familienmitglieder entspannter kennenlernen.

▽ **Die Kinder kennenlernen**
Lassen Sie Kinder den Welpen mit Leckerchen oder Spielzeug locken. Achten Sie darauf, dass er sie nicht anspringt, damit sie nicht erschrecken.

◁ **Erste Erkundungen**
Geben Sie dem Welpen viel Zeit, den Garten zu erkunden, zu schnüffeln, sich zu erleichtern und sich zu beruhigen, bevor Sie zum ersten Mal ins Haus gehen.

△ **Neue Freunde**
Nicht alle erwachsenen Hunde mögen die Avancen von Welpen. Achten Sie bei Ihrem alten Hund auf Signale von Stress, der in Aggression umschlagen könnte.

Wenn Sie Kinder haben, freuen diese sich natürlich besonders auf den neuen Familienzuwachs. Besprechen Sie vorher mit den Kindern, wie befremdlich die Situation für den Welpen ist. Der Welpe fühlt sich beim Kennenlernen sicherer, wenn die Kinder sitzen und ihm kleine Leckerchen aus der flachen Hand anbieten. Ist schon ein Hund im Haus, sollte er während des Kennenlernens in einem anderen Zimmer sein. Lassen Sie die Kinder warten, bis der Welpe neugierig wird und zu ihnen kommt. Sie sollten nicht auf ihn losstürmen und gleich streicheln. Ebenso sollten sie ihn nicht hochheben, denn all dies könnte für ihn zu viel sein und ihn verängstigen.

Ist der Welpe dann richtig angekommen, sollte er auch andere Haustiere, wie Katzen oder Kaninchen, kennenlernen. Halten Sie ihn dabei gut fest, damit er weiß, dass er das andere Tier nicht jagen darf. Bleiben Sie ruhig und warten Sie, bis ihr anderes Haustier weggeht, bevor Sie den Welpen loslassen.

Eine glückliche Familie

Ein gelungenes Kennenlernen ist die Grundlage für ein vertrauensvolles Verhältnis. Daher sollte anfangs immer ein Erwachsener dabei sein, wenn es um den Welpen geht. So ist immer jemand da, der sicherstellt, dass es allen gut geht und keiner sich bedrängt fühlt. Dann kann der Welpe sich schnell einleben und mit Menschen und Tieren Freundschaft schließen.

△ **Hier kommt die Katze**
Übermütige Welpen erschrecken Katzen leicht. Halten Sie den Welpen also fest, damit er nicht zu quirlig ist oder auf die Katze losstürmt.

»Nicht alle **erwachsenen** Hunde mögen **Welpen. Geben Sie** also **acht.**«

Allein zu Hause

Hunde sind sehr soziale Wesen und schnell beunruhigt, wenn sie alleine gelassen werden. Das gilt besonders für Welpen. Wir müssen ihnen erst langsam und behutsam beibringen, dass sie alleine bleiben können.

Trennung

In der Natur bleiben Welpen bis zur Pubertät bei ihrer Mutter und ihren Geschwistern. Erst dann entfernen sie sich zur Erkundung der Umgebung weiter vom Nest und werden selbstständiger. Verlässt der Welpe schon mit acht Wochen seinen Wurf, ist er noch jung und verletzlich. Er sucht sich also in seiner neuen Familie jemanden, an den er sich besonders eng bindet. Wird er nun alleine gelassen, ist seine natürliche Reaktion, beunruhigt zu sein. Zwingt man ihn so früh, das Alleinesein zu ertragen, wird er Angst vor Trennung entwickeln.

Wo schläft der Hund?

In der ersten Nacht ohne Geschwister und Mutter wird der Welpe nur ängstlich, wenn er alleine ist. Stellen Sie einen Karton neben Ihr Bett, in dem er beruhigt in Ihrer Nähe schlafen kann. Wenn er gelernt hat, tagsüber rund 30 Minuten alleine zu sein, können Sie die Schlafbox schrittweise aus dem Schlafzimmer rücken und schließlich an ihren endgültigen Platz stellen.

Viele erwachsene Hunde bellen, heulen, werden zerstörerisch oder unrein, wenn man sie alleine lässt. Oft ist dies darauf zurückzuführen, dass sie als Welpe zu lang alleine gelassen wurden. Damit sich solche Trennungsangst nicht entwickelt, sollte man Welpen unbedingt langsam an das Alleinesein gewöhnen.

Alleinebleiben üben

Hat der Welpe alles erkundet und ist angekommen, warten Sie, bis er müde wird. Dann gehen Sie noch einmal mit ihm im Garten Gassi und spielen ein wenig, damit er sich wirklich entspannt. Locken Sie ihn nun mit einem Leckerchen ins Spielgehege auf sein Bettchen, schließen das Gehege und lassen ihn allein. Ignorieren Sie kurze Beller. Wird er zu unruhig, gehen Sie zu ihm und warten ruhig und ohne zu sprechen, bis er sich beruhigt. Dann gehen Sie wieder. Wenn er eingeschlafen ist, öffnen Sie das Gehege, damit er Sie suchen kommen kann, wenn er aufwacht.

Bauen Sie seine Fähigkeit, alleine zu bleiben, langsam aus. Lassen Sie ihn zunächst mehrmals täglich kurz

▷ **Bin gleich zurück**
Lassen Sie den Hund anfangs nur kurz im Auto alleine, damit er sich ganz allmählich an die Situation gewöhnen kann.

im Gehege, sodass er am Ende der ersten Woche bereits recht viel Zeit alleine dort verbringt. Nun können Sie damit beginnen, ihn kurz in anderen Räumen alleine zu lassen und anschließend an anderen Orten, wie etwa im Auto. Wenn Sie an einem neuen Ort mit ihm üben, kehren Sie immer nach spätestens einer bis zwei Minuten zu ihm zurück und bauen die Zeit, die er alleine bleibt, ganz langsam aus.

△ **Bis später**
Mit einem Türgitter kann der Hund alleine bleiben üben, Sie aber immer noch sehen. In einem zweiten Schritt können Sie die Tür dann schließen.

Freundschaft schließen
Welpen brauchen die Nähe ihrer Menschen und genießen sie. Sie werden alles tun, um in Ihrer Nähe zu sein. Genau das ist der Grund, weshalb ihnen das Alleinsein anfangs so schwerfällt.

Den Welpen kennenlernen

Wir neigen dazu, Welpen wie Kinder zu behandeln. Aber Hunde haben ganz eigene Bedürfnisse. Wenn wir also eine gute Beziehung zu unserem Hund aufbauen möchten, müssen wir diesen Unterschied akzeptieren und lernen, wie Hunde untereinander und mit uns Menschen kommunizieren. Wenn wir verstehen, wie Hunde die Welt sehen, können wir sie angemessener behandeln und realistische Erwartungen an sie stellen. Die Tipps auf den folgenden Seiten sollen Ihnen dabei helfen, Ihren Welpen zufrieden aufzuziehen und ihm den Einstieg in die Welt der Menschen zu erleichtern.

AUF VORDERMANN BRINGEN
Wenn wir unser Wissen über Hunde, ihr Verhalten und ihr Denken auf Vordermann bringen, können wir sie besser verstehen.

Wie Welpen denken

Welpen sind in vielem anders als erwachsene Hunde und nehmen die Welt auch anders wahr als Menschen. Wenn man um diese Unterschiede weiß, kann man seinen Welpen besser verstehen und erziehen.

Das junge Gehirn

Die Aufmerksamkeitsspanne von Welpen ist kürzer als die von erwachsenen Hunden. Trainings-einheiten sollten also nicht länger als drei Minuten sein, damit sie konzentriert lernen können, ohne zu ermüden. Welpen lassen sich auch schneller ablenken als ältere Hunde. Üben Sie mit dem Welpen also, bis er etwas reifer ist, an einem ruhigen Ort, damit er nicht abgelenkt wird. Das Gehirn des Welpen braucht viel Ruhe, um sich entwickeln zu können. Sorgen Sie dafür, dass er zur Erholung von Spiel, Erziehung und Sozialisierung viel Ruhe und Schlaf bekommt.

Ein weiterer Unterschied ist, dass Welpen sehr stark auf die Fürsorge ihrer Menschen angewiesen sind, während erwachsene Hunde unabhängiger sind. Bis im Alter von etwa sechs Monaten die Pubertät einsetzt, wollen die Welpen uns sehr stark gefallen, was die Erziehung für uns Menschen leichter macht. Daher sollten Halter diese frühe Lernphase auch wirklich nutzen und dem Hund mit positiven Verstärkern schon viel beibringen. Da die Welpen sehr verspielt sind, kann man auch auf spielerische Weise effektiv mit ihnen trainieren.

Aber bei allen Vorteilen, die das Welpenalter mit sich bringt, sollte man nie vergessen, dass das Gehirn noch in der Entwicklung ist. Schwierige oder komplexe Dinge kann der Welpe noch nicht verstehen oder sich merken. Halten Sie das Training also einfach, haben Sie

◁ **Harte Arbeit**
Lernen ist für den Welpen harte Arbeit. Er muss sich stark konzentrieren, denn beim Versuch zu verstehen, was sein Mensch von ihm will, müssen sich neue Verbindungen im Gehirn bilden.

△ **Erholsamer Schlaf**
Nach anstrengenden Aktivitäten benötigen Welpen sehr viel Ruhe und Schlaf, damit Körper und Gehirn sich erholen können und für neue spannende Erfahrungen bereit sind.

viel Geduld und bleiben Sie beharrlich, damit der Welpe auch eine Chance hat zu verstehen, was Sie ihm beibringen möchten.

Die Welt der Sinne

Im Umgang mit Welpen sollten wir immer bedenken, dass sie die Welt ganz anders sehen als wir Menschen. Sie sind viel kleiner als wir und die Dinge in ihrer Umgebung, und sie sehen Menschen, die mit ihnen kommunizieren wollen, aus einer ganz anderen Perspektive. Es kann sehr hilfreich sein, sich hinzuknien und die Welt um uns einmal aus ihrem Blickwinkel zu betrachten.

Zudem ist für uns Menschen der Gesichtssinn der wichtigste Sinn. Wir verlassen uns bei der Beurteilung unserer Umgebung auf unsere Augen. Hunde können zwar Bewegungen besser erkennen und haben eine bessere Nachtsicht als Menschen, sehen aber weniger

△ **Schnelle Entwicklung**
Es ist wichtig, wirklich täglich mit dem Hund zu üben, denn eine Lebenswoche des Welpen entspricht etwa vier Lebensmonaten eines Kindes.

scharf. Rot und Grün sind für sie nicht erkennbar, sie sehen nur Gelb und Blau. Daher verlassen Hunde sich auf ihren Geruchssinn. Da sie wesentlich mehr Gerüche erkennen und bei viel geringerer Konzentration wahrnehmen, können sie mit

einem Schnüffeln eine Unmenge an Informationen aufnehmen, was ihren Gesichtssinn weniger wichtig macht. Auch ihre Ohren sind schärfer als unsere und sie können höhere und weiter entfernte Laute wahrnehmen als wir Menschen.

Altersvergleich

Welpen entwickeln sich schneller als Kinder. Ihr erstes Jahr ist wichtig.

WELPE	MENSCH
bis 3 Wochen: Augen und Ohren öffnen sich	bis 1 Jahr
6 Wochen: verspielt, koordiniertere Bewegungen	2 Jahre
8 Wochen: bereit, ins neue Heim umzuziehen	3 Jahre
12 Wochen	4 Jahre
16 Wochen	6 Jahre
24 Wochen: Pubertät	ab 8 Jahre
8 Monate	14 Jahre
12 Monate: Beginn des Erwachsenseins	20 Jahre
18 Monate: soziale Reife	24 Jahre
6 Jahre: mittleres Alter	50 Jahre
10 Jahre: Beginn des Alters	70 Jahre
15 Jahre	90 Jahre

△ **So sehen Menschen**
Menschen mit gesunden Augen können Formen klar erkennen, mit vielen Details und in allen Farben. Daher verlassen wir uns beim Verstehen unserer Umwelt auch hauptsächlich auf das, was wir sehen.

△ **So sehen Hunde**
Hunde können Rot und Grün nicht sehen und erkennen weniger Details als wir Menschen, entdecken Bewegungen aber besser. Ihr beeindruckender Geruchssinn ist für sie wichtiger als ihr Gesichtssinn.

Spannende neue Welt
Welpen erkunden gerne ihre Umgebung.
So lernen sie, was ungefährlich ist, was sie
fressen und womit sie spielen können. Sie
speichern diese Erfahrungen und greifen bei
neuen Begegnungen auf sie zurück.

Körpersprache

Hunde kommunizieren über Körperhaltung und Bewegungen mit Menschen und Hunden. Wenn Sie die Körpersprache Ihres Welpen verstehen lernen und ihm klare Signale geben, sprechen Sie schnell »Hundisch«.

Sprachvermögen

Das Sprachzentrum im menschlichen Gehirn ist groß und daher haben Menschen ein gutes Sprachvermögen. Bei Hunden verarbeitet aber nur ein sehr kleiner Gehirnbereich diese Informationen, sodass ihr Sprachvermögen sehr begrenzt ist. Daher fällt es Hunden auch schwer, Wörter zu lernen. Wirklich Sprache zu lernen ist für sie unmöglich.

Hunde haben daher gelernt, mehr auf die Körperhaltung und

▽ **Unsicherheit**
Der Colliewelpe rechts ist unsicher – er hat sich mit erhobenem Kopf und aufrechter Rute aufgebaut, um imposanter zu wirken und zu verhindern, dass der Cocker Spaniel ihn anspringt.

△ **»Nicht ganz so stürmisch!«**
Dem Cairn-Terrier-Welpen links ist das übermütige Spiel des anderen Welpen etwas zu viel. Er zeigt dies, indem er sich mit eingeklemmtem Schwanz und angelegten Ohren hinsetzt.

△ **»Spiel doch weiter!«**
Nach einer ausgelassenen Spielrunde versucht der schwarze Spanielwelpe den gerade abgelenkten Collie durch Antippen mit der Pfote dazu zu bewegen, doch weiter mit ihm zu spielen.

Bewegungen anderer zu achten. Sie registrieren genau die Signale, die von der Haltung und der Mimik anderer Hunde ausgehen. Ebenso lesen Sie aus unserer Körpersprache, was wir fühlen, was wir wollen und was wir als Nächstes tun.

Interpretieren lernen

Achten Sie im Park einmal darauf, wie Hunde sich verhalten, wenn sie sich begegnen. Halten sie ihre Rute selbstbewusst nach oben oder eher abgesenkt und signalisieren so, dass sie beunruhigt sind und dem anderen lieber aus dem Weg gehen würden? Wedeln ist übrigens weniger ein Zeichen für Freude als für Aufregung. Eine steife Rute bedeutet Anspannung, eine entspannte Rute spricht für einen entspannten Hund. Und wie trägt der Hund seine Ohren? Wenn er sie nach hinten anlegt, zeigt er Zurückhaltung oder Angst, richtet er sie nach vorne, ist er aufmerksam. Je häufiger Sie Hunde bei Begegnungen und beim Spielen beobachten, desto schneller lernen Sie, ihre Körpersprache zu deuten und vorherzusehen, was sie als Nächstes tun werden. Wenn Sie zum ersten Mal einen Hund haben, sollten Sie anfangs möglichst viel Zeit damit verbringen, Hunde untereinander und im Umgang mit Menschen zu beobachten, damit Sie Ihren Welpen besser verstehen lernen. Dann erkennen Sie auch besser, wann Ihr Hund Angst hat oder gestresst ist, und können dadurch Situationen eher meiden, in denen er meint, das Problem nur mit Aggression lösen zu können.

△ **»Guck mich nicht so an!«**
Dieser Welpe dreht den Kopf, weil seine Halterin ihn zu lange direkt angesehen und ihm »die Zähne gezeigt« hat. Ihre liebevolle Aufmerksamkeit ist für ihn leicht bedrohlich.

◁ **»Da geht's lang!«**
Wenn Sie dem Hund eindeutige und immer gleiche Zeichen geben, lernt er schneller, was Sie von ihm möchten, als bei der Erziehung rein über Stimmkommandos (S. 142–143).

»Unsere Hunde **beobachten** uns genau, um unsere **Gefühle** und **Absichten** zu erahnen.«

Eindeutig kommunizieren

Welpen, die in einem Haushalt aufwachsen, lernen ganz schnell, die Körpersprache ihrer Menschen zu deuten, und wissen daher relativ gut, was wir als Nächstes tun werden. Wir können diese erstaunliche Fähigkeit der Welpen nutzen, um mit ihnen zu kommunizieren, auch wenn wir ihnen noch kein Kommando beigebracht haben. Unter Hunden ist Starren oder langer Augenkontakt eine Drohung oder Herausforderung. Menschen schauen ihren Welpen aber oft lange verliebt an und zeigen dann beim Lächeln auch noch die Zähne. Zuerst fühlt sich der Welpe dadurch bedroht und reagiert vielleicht ängstlich. Solange Sie Starren aber nicht als Drohung einsetzen, wird er bald lernen, dass sie ihm nichts Böses wollen, und Sie ohne Scheu zurück anschauen.

▽ **»Bist du nett oder böse?«**
Dieser Welpe ist unsicher und versucht es erst einmal mit einer steifen Spielaufforderung, ist aber sprungbereit, falls der Versuch misslingt.

Die Macht der Berührung

Hunde berühren sich untereinander meist nur beim Spielen, Kämpfen oder zur Paarung. Welpen müssen also lernen, von Menschen berührt, gehalten und umarmt zu werden und diese Zuneigung auch zu teilen.

In sicheren Händen

Der Welpe muss lernen, dass die Berührung eines Menschen keine Bedrohung ist. Lernt er, sie als Zeichen der Zuneigung zu verstehen und sie seinerseits durch Berührung zu erwidern, wird er ein noch entspannteres Haustier werden. Mit einem Welpen, der sich überall anfassen und gut festhalten lässt, ist der Alltag einfacher zu bewältigen, wie auch Besuche beim Tierarzt. Lernt der Welpe all dies sehr früh, wird er später ohne oder nur mit wenig Stress auf solche Situationen reagieren.

Das Geheimnis im Umgang mit Hunden ist, sanft, aber bestimmt zu sein. Wenn man zögert, grob ist oder versehentlich zu fest zugreift, wird der Welpe automatisch Angst vor Berührungen entwickeln. Bedenken Sie immer, wie er sich fühlt, und bewegen Sie Ihre Hände langsam, damit er sich an die neue Empfindung gewöhnen kann. Windet er sich, verlangsamen Sie Ihre Bewegungen bewusst und berühren ihn noch vorsichtiger.

Empfindliche Stellen

Wenn Sie empfindliche Bereiche wie Augen, Ohren, Gesicht, Barthaare, Pfoten oder After kontrollieren müssen und Ihr Welpe zurückweicht, berühren Sie ihn zunächst nur in der Nähe des Bereichs. Lässt er dies ruhig zu, belohnen Sie ihn. Versuchen Sie es wieder und kom-

◁ **Hochheben**
Heben Sie den Welpen mit sicherem Griff langsam an und halten Sie ihn dann eng am Körper, damit er sich auch wirklich sicher fühlt.

△ **Allgemeine Pflege**
Üben Sie täglich kurz die Handgriffe der Körperpflege, wie Nägelschneiden oder – falls die Rasse es erfordert – Ohrhaarezupfen.

◁ **Wie beim Tierarzt**
Gewöhnen Sie den Welpen an alles, was der Tierarzt bei einer Routineuntersuchung mit ihm tun wird, wie etwa den Schwanz anheben.

▷ **Zeig her deine Zähne**
Beginnen Sie durch Anheben der Lippe, den Welpen auch an die Untersuchung von Maul und Zähnen zu gewöhnen. Üben Sie in einem zweiten Schritt, sein Maul zu öffnen.

men Sie der empfindlichen Stelle langsam näher. Belohnen Sie den Welpen jedes Mal, wenn er es ruhig zulässt. Helfen Sie ihm zwischen den Versuchen, sich zu entspannen, indem Sie ihn auch an anderen Körperstellen streicheln.

Bei vielen Rassen ist die Pflege des Fells sehr wichtig. Gewöhnen Sie den Welpen am besten schon früh daran, gebürstet zu werden. Verwenden Sie eine Bürste, die Haartyp und -länge Ihres Hundes entspricht, und bürsten Sie erst einmal nur kleine Bereiche. Üben Sie zunächst an Rücken und Flanken, bevor Sie sich langsam an die empfindlichen Stellen, wie den Bauch, vorarbeiten.

Festhalten und Fixieren

Neben Berührungen muss der Welpe auch akzeptieren lernen, dass er festgehalten und fixiert wird. Halten Sie ihn sanft, aber bestimmt fest, während er mit allen

vier Pfoten fest auf dem Boden steht. Er wird sich sicherer fühlen, wenn er keine Chance hat, sich Ihrem Griff zu entwinden. Lassen Sie ihm also nicht zu viel Bewegungsfreiheit. Versucht er, nach Ihren Fingern zu beißen, halten Sie Ihre Hände unterhalb seines Kinns. Sobald er sich entspannt und die Fixierung zu akzeptieren beginnt, lassen Sie ihn los. Üben Sie mehrfach täglich kurz und bauen Sie die Zeitspanne, die Sie den Welpen festhalten, langsam aus, bis er es problemlos akzeptiert. Dann können Sie beginnen, das Hochheben zu trainieren. Heben Sie ihn sanft an und halten Sie ihn nah am Körper, damit er sich sicher fühlt.

△ **Sanfte Massage**
Tägliche Streicheleinheiten helfen dem Welpen, sich zu entspannen, Ihren Berührungen zu vertrauen und die Beziehung zu Ihnen zu stärken.

> »Ein guter Umgang mit Hunden ist **sanft,** aber **bestimmt.** Tägliches Üben gibt dem Welpen **Sicherheit.**«

Friseur-Training

Nicht haarendes Fell muss bei erwachsenen Hunden regelmäßig geschnitten werden – oftmals braucht man dafür die Hilfe eines Profis. Für Hunde, die nicht als Welpen daran gewöhnt wurden, wird der Besuch im Hundesalon häufig zur Tortur. Damit Ihrem Welpen das nicht passiert, nehmen Sie einen alten Haarschneider ohne Klingen und gewöhnen Sie den Welpen so an das Geräusch und die Vibrationen. Auch kurze Besuche im Hundesalon zeigen ihm, dass hier nichts Bedrohliches auf ihn wartet.

Was der Welpe braucht

Ein Welpe kann nur glücklich und folgsam sein, wenn seine Bedürfnisse erfüllt werden. Welpen, die zu wenig Futter oder Bewegung bekommen oder zu viel Spiel und zu wenig Schlaf, sind meist nervös, hyperaktiv und neigen zu auffälligem Verhalten. Auf den folgenden Seiten erfahren Sie, was Welpen glücklich macht – von Liebe und Zuneigung bis zu Routine und Gesundheit – und wann professionelle Hilfe notwendig ist. Hier erfahren Sie, wie Sie am Verhalten Ihres Welpen einen Mangel oder ein Zuviel erkennen und was Sie dagegen unternehmen können.

GLÜCKLICH UND ENTSPANNT
Welpen und ausgewachsene Hunde, deren körperliche und geistige Bedürfnisse erfüllt werden, sind umgänglicher und entspannter.

Grundbedürfnisse

Zu den täglichen Grundbedürfnissen eines Welpen gehören neben einer gesunden Ernährung ein fester Tagesablauf mit Spielzeiten, viel Zuneigung, regelmäßiges Training und ausreichend Zeit zum Ausruhen.

Liebe und Zuneigung

Welpen benötigen viel Zuneigung und Aufmerksamkeit, damit sie sich als Teil der Familie fühlen. Das ist gar nicht so schwer. Am besten ist es, feste Zeiten in den Tagesablauf einbauen, zu denen man nur für den Welpen da ist, sonst geht er im turbulenten Familienalltag schnell unter. Welpen blühen bei Zuneigung auf, und wer sich täglich mehrmals Zeit nimmt, mit seinem Welpen zu sprechen und ihn zu streicheln, bekommt zur Belohnung ein entspanntes, selbstsicheres Haustier. Vernachlässigte Welpen neigen dazu, überanhänglich und fordernd zu werden, und verlangen oft hyperaktiv und teils durch Zerstörung nach Aufmerksamkeit.

Bewegung

Welpen brauchen viel Bewegung, um sich austoben und ihre Energie loswerden zu können. Suchen Sie ein sicheres Freilaufgelände abseits des Verkehrs, wo Ihr Welpe frei herumtollen kann, oder lassen Sie ihn mit Schleppleine am Geschirr »frei« laufen. Es ist jedoch wichtig, Welpen nicht zu überfordern oder sie an der Leine auf lange Wanderungen zu schleifen, denn das belastet die jungen Gelenke und Knochen zu sehr. Lassen Sie den Welpen lieber frei herumtollen, denn wenn er müde wird, hört er von alleine auf und legt sich hin. Welpen, die zu wenig Bewegung bekommen, werden möglicherweise hyperaktiv und sind schwer zu bändigen. Sie können sich meist auch schwer konzentrieren und werden in ihrer verzweifelten Suche nach Aufmerksamkeit laut und übermütig.

Spielstunde

Spielen regt die Entwicklung des Welpen an, da es seine körperlichen und geistigen Fähigkeiten schult. Sorgen Sie am besten täglich für mehrere kurze Spielphasen. Sie bie-

◁ **Routine ist wichtig**
Ein fester Tagesablauf hilft dem Welpen, sich an das Leben in der Familie zu gewöhnen – die vielen neuen Erfahrungen sind so schon verwirrend genug.

▽ **Regelmäßige Gewohnheiten**
Ein fester Tagesplan mit immer gleichen Fütterungszeiten macht auch die Gassizeiten vorhersehbar und der Welpe wird schneller stubenrein *(S. 94–97)*.

△ **An die Leine**
Gewöhnen Sie den Welpen spielerisch an sein Halsband, bis es ihn nicht mehr stört. Hängen Sie dann eine leichte Leine an und halten Sie sie locker oder lassen Sie sie schleifen.

△ **Das macht Spaß**
Nehmen Sie sich mehrmals täglich Zeit zum Spielen. Das fordert den Welpen körperlich und geistig, wodurch er entspannter, zufriedener und unbeschwerter ist.

ten Ihrem Welpen so Beschäftigung und er kann sich müde spielen, wodurch er entspannter wird und weniger Unsinn anstellt. Welpen, die zu wenig spielen, werden häufig sehr neugierig und suchen sich eine Beschäftigung – wobei so manches im Haus kaputtgehen kann.

Schlaf

Besonders junge Welpen benötigen viel Schlaf. Bei Schlafmangel werden sie nervös und gereizt. Wenn etwas Spannendes passiert, kann man sie ganz einfach vom Schlafen abhalten. Aber dadurch übermüden sie und werden unausgeglichen. Der Welpe sollte sich also immer an einen gemütlichen, warmen und ruhigen Schlafplatz zurückziehen können. Ist bei Ihnen viel los, richten Sie am besten tägliche feste Ruhezeiten ein, zu denen Sie den Welpen in sein Bettchen bringen.

△ **Jetzt geht's raus**
Sobald Ihr Welpe vollen Impfschutz hat, gehen Sie mit ihm spazieren. Das fördert seine Sozialisierung und sorgt für Bewegung.

Tagesablauf für einen achtwöchigen Welpen

8.00 Uhr	Aufwachen, Gassi, kurze Spiel-/Trainingseinheit
9.00 Uhr	Frühstück/erste Mahlzeit
9.15 Uhr	Gassi, kurze Spiel-/Trainingseinheit, Ruhe
10.00 Uhr	Gassi, Training, Ruhe
11.00 Uhr	Gassi, Sozialisierung
12.00 Uhr	Gassi
13.00 Uhr	Zweite Mahlzeit
13.15 Uhr	Gassi, Ruhepause
14.00 Uhr	Gassi, kurze Spiel-/Trainingseinheit, Ruhepause
15.00 Uhr	Gassi, Sozialisierung
16.00 Uhr	Gassi, Ruhepause
17.00 Uhr	Kurze Spiel-/Trainingseinheit, dritte Mahlzeit
17.15 Uhr	Gassi, Ruhepause
18.00 Uhr	Gassi, Spiel-/Trainingseinheit
19.00 Uhr	Gassi, Ruhepause
20.00 Uhr	Berührungs-/Pflegetraining
21.00 Uhr	Vierte Mahlzeit
21.15 Uhr	Gassi, Spiel-/Trainingseinheit
22.00 Uhr	Gassi, ausgelassenes Spiel
23.00 Uhr	Gassi, Nachtruhe

Hauptsache, gesund

Gesundheit ist eine der wichtigsten Voraussetzungen für einen glücklichen Welpen. Gesunde Ernährung und gute Pflege gehören ebenso dazu wie die Wahl eines guten Tierarztes.

Besuch beim Tierarzt

Fragen Sie, noch bevor Sie den Welpen nach Hause holen, Hundebesitzer in der Nachbarschaft nach einem guten Tierarzt. Meist sticht eine Praxis dabei besonders hervor. Sehen Sie sich die Praxis an und melden Sie den baldigen Neuzugang schon einmal an. Ein Tierarzt ist ebenso wichtig wie der eigene Hausarzt. Wenn man ein gutes Verhältnis zur gesamten Praxis aufbaut, sind Tierarztbesuche – besonders in Notfallsituationen – später wesentlich weniger stressbelastet.

Der Tierarzt macht mit Ihnen für die Welpenuntersuchung einen Termin aus, sobald der Welpe sich eingelebt hat. Bei dieser Untersuchung wird er den Allgemeinzustand und Impfschutz des Welpen prüfen und nachsehen, ob er entwurmt oder entfloht werden muss. Danach erhalten Sie noch einen zweiten Termin, bei dem der Hund – falls nötig – die zweiten Impfungen erhält. Der Tierarzt ist am besten informiert, welche Hundeerkrankungen an Ihrem Wohnort verbreitet sind. Er kann Ihnen sagen, wann Ihr Hund vollen Impfschutz hat und wie lange Sie ihn noch von anderen, möglicherweise ungeimpften Hunden und von Stellen, an denen er deren Hinterlassenschaften finden könnte, fernhalten sollten.

Manche Tierärzte bieten selbst Welpenkurse oder Spielgruppen an. Diese sind eine gute Gelegenheit, die Praxis besser kennenzulernen und den Welpen an den Tierarzt und/oder Pfleger zu gewöhnen. In einigen Praxen werden die Welpen dabei auch schon mit der Waage und dem Untersuchungstisch vertraut gemacht. Dadurch haben sie später weniger Angst beim Tierarzt. Wenn Ihr Tierarzt solche Spielstunden anbietet, sollten Sie darauf achten, dass die Gruppen nicht zu groß sind und die Tiere beim Spielen beaufsichtigt werden. Wildes Durcheinandertoben ohne jegliche Aufsicht kann teils mehr Schaden

△ **Spaß im Wartezimmer**
Versüßen Sie Ihrem Welpen die Zeit im Wartezimmer mit Leckerchen und Lob. So können Sie seine und Ihre Anspannung leichter abbauen.

▷ **Gute Erfahrungen**
Frühe positive Erfahrungen mit dem Tierarzt und der Praxis sorgen dafür, dass Tierarztbesuche in Zukunft stressfrei ablaufen.

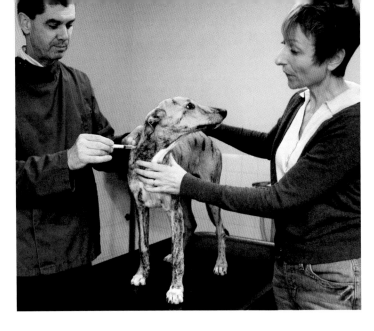

»Bauen Sie ein **vertrau-ensvolles Verhältnis** zu Ihrem **Tierarzt** auf.«

◁ **Behutsames Vorgehen**
Wenn Sie einen Tierarzt gefunden haben, der mit Ihrem Welpen behutsam umgeht, werden auch Untersuchungen und Behandlungen nicht zu schlechten Erfahrungen.

anrichten als nutzen. Manche Welpen werden dadurch ängstlich und aggressiv, andere lernen, wie sie ihre Altersgenossen schikanieren können.

Futter und Fütterung

Der Welpe sollte immer nur Futter erhalten, das seinem Alter entspricht. Erhöhen Sie die Futtermenge langsam. Das klingt trivial, wird aber leicht übersehen. Unterfütterte Welpen sind dünn, werden gierig, sobald sie Futter sehen, und

schnappen nach Ihren Fingern, wenn sie gefüttert werden. Manche kauen übermäßig an Händen und versuchen so, ihren Halter dazu zu bewegen, ihnen mehr zu fressen zu geben. Sie sollten den Welpen aber auch nicht überfüttern und sein Gewicht kontrollieren, damit er nicht übergewichtig wird. Fragen Sie im Zweifel Ihren Tierarzt.

▷ **Gute Manieren**
Halten Sie Spielwiesen sauber und räumen Sie hinter Ihrem Hund auf. Am einfachsten ziehen Sie sich dazu einen Plastikbeutel über die Hand.

Verschiedene Futterarten

Der Handel hält eine riesige Auswahl an Hundefutter bereit und jeder muss selbst entscheiden, was für seinen Hund am besten ist. Wählen Sie auf jeden Fall ein spezielles Welpenfutter, das alle wichtigen Nährstoffe für Wachstum und Entwicklung enthält. Später wechseln Sie dann zu einem Futter für erwachsene Hunde. Manche Halter ziehen es vor, nach BARF-Diät (die Abkürzung steht für »bones and raw food«, also Knochen und rohe Nahrung) zu füttern statt mit Fertigfutter.

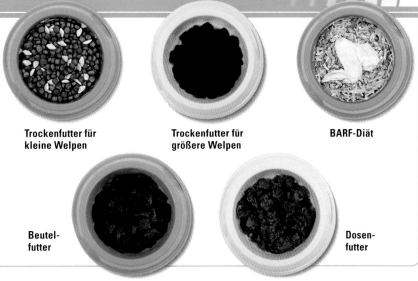

Trockenfutter für kleine Welpen

Trockenfutter für größere Welpen

BARF-Diät

Beutelfutter

Dosenfutter

3

Sozialisierung

Große, fremde Welt

Große, fremde Welt

Die Sozialisierung hat einen enormen Einfluss auf das künftige Verhalten eines Welpen und gibt oft den Ausschlag, ob er ein scheuer und ängstlicher oder ein offener, freundlicher und umgänglicher Hund wird. Ihr Welpe lebt in einer vom Menschen geprägten Welt. Auf den folgenden Seiten erfahren Sie, wie Sie ihn an unterschiedliche Menschen gewöhnen – und an die seltsamen Dinge, die Menschen tun. Ebenso erfahren Sie, wie Sie ihn behutsam an die Dinge, Gerüche und Laute seiner Umgebung und an Hunde und andere Tiere heranführen können.

WELT VOLLER SCHRECKEN
Ihr Welpe wird allmählich selbstbewusster, wenn Sie ihn behutsam an Alltagsgegenstände, wie diesen lauten Staubsauger, gewöhnen.

Sozialisierung mit Menschen

Züchter und Halter müssen beide dafür Sorge tragen, dass die kritische Sozialisierungsphase gut verläuft. Der Welpe sollte in dieser Phase verschiedenste Menschen aller Altersstufen kennenlernen.

Warum sozialisieren?

Welpen kommen unwissend zur Welt und müssen lernen, was ungefährlich ist und was nicht. Nur für kurze Zeit überwiegt ihre Neugierde, ihre angeborene Angst vor Unbekanntem (Abb. rechts). Nach dieser Phase schützt ihre Vorsicht sie vor Gefahren, die ihnen im Leben begegnen könnten. Diese Strategie ist zwar bei Wildtieren sehr erfolgreich, in der Welt der Menschen kann sie aber auch hinderlich sein. Denn wir Menschen übernehmen die Verantwortung für die Sicherheit des Welpen. Ein Welpe, der vor allem Angst hat, ist stets gestresst und für uns eine Belastung.

Damit Welpen nicht zu ängstlichen Hunden werden, müssen sie schon früh an alles gewöhnt werden, was ihnen später begegnen könnte.

Dazu ist eine intensive Sozialisierungsphase im ersten Lebensjahr erforderlich, in der sowohl Züchter als auch Halter gefragt sind.

Gute Sozialisierung

Eine gute Sozialisierung richtet sich in ihrer Geschwindigkeit nach dem Welpen. Beobachten Sie an seiner Körpersprache (S. 66–67), ob er Spaß an einer Situation hat. Gönnen Sie ihm viele Ruhepausen, damit er neue Erfahrungen verarbeiten kann. Die Sozialisierung sollte täglich in kleinen Trainingseinheiten erfolgen. Nehmen Sie ihn mit und zeigen Sie ihm in kleinen Schritten seine Welt. Schüchterne oder vom Züchter noch nicht sozialisierte Welpen benötigen mehr Fürsorge, um sich an ihre Umgebung zu gewöhnen (S. 86–87).

Neue Menschen

Welpen sollten verschiedenste Menschen kennenlernen. Beispielsweise sind Säuglinge, Kleinkinder

△ **Freudige Begegnung**
Sozialisierung wird einfach, wenn Sie Freunden Ihren Welpen draußen an verschiedenen Orten vorstellen und andere zu sich nach Hause einladen.

▷ **Einschüchternd**
Begegnungen sollte nicht beunruhigend sein. Dieser Welpe fühlt sich eingeschüchtert, da der Mann sich über ihn beugt und ihn direkt ansieht.

▷ Neue Bekanntschaften
Spielzeug und Leckerchen versüßen Begegnungen. Brechen Sie bei Zeichen von Unbehagen ab.

▽ Freundschaft schließen
Besonders Menschen ohne Kinder sollte dafür sorgen, dass ihr Welpe schöne Erlebnisse mit Kindern aller Altersstufen hat.

»Welpen müssen **früh** an alles **gewöhnt** werden, was ihnen **später begegnet.**«

und Teenager ganz unterschiedlich. Manche Menschen sind ungestüm, andere sanft. Damit ein Welpe schon früh lernt, mit all diesen unterschiedlichen Eigenschaften klarzukommen, sollte der Halter dafür sorgen, dass der Hund mit ganz vielen verschiedenen Menschen Freundschaft schließen kann. Ein

Welpe, der verschiedene Menschen in unterschiedlichsten Umgebungen kennenlernt, ist selbstsicherer und kann mit der Zeit mit ungewohnten Situationen immer besser umgehen.

▷ Große, fremde Welt
Bis er vollen Impfschutz hat, können Sie Ihren Welpen ein wenig herumtragen und ihm schon einmal seine nächste Umgebung zeigen.

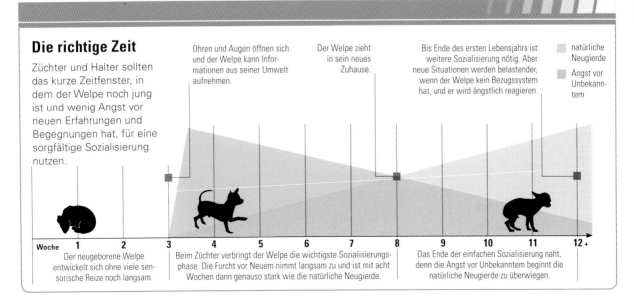

Die richtige Zeit

Züchter und Halter sollten das kurze Zeitfenster, in dem der Welpe noch jung ist und wenig Angst vor neuen Erfahrungen und Begegnungen hat, für eine sorgfältige Sozialisierung nutzen.

Ohren und Augen öffnen sich und der Welpe kann Informationen aus seiner Umwelt aufnehmen.

Der Welpe zieht in sein neues Zuhause.

Bis Ende des ersten Lebensjahrs ist weitere Sozialisierung nötig. Aber neue Situationen werden belastender, wenn der Welpe kein Bezugssystem hat, und er wird ängstlich reagieren.

natürliche Neugierde

Angst vor Unbekanntem

| Woche | 1 | 2 | 3 | 4 | 5 | 6 | 7 | 8 | 9 | 10 | 11 | 12 + |

Der neugeborene Welpe entwickelt sich ohne viele sensorische Reize noch langsam.

Beim Züchter verbringt der Welpe die wichtigste Sozialisierungsphase. Die Furcht vor Neuem nimmt langsam zu und ist mit acht Wochen dann genauso stark wie die natürliche Neugierde.

Das Ende der einfachen Sozialisierung naht, denn die Angst vor Unbekanntem beginnt die natürliche Neugierde zu überwiegen.

Andere Tiere kennenlernen

Welpen sollten nicht nur an Menschen, sondern auch an andere Tiere gewöhnt werden. Dabei ist der Kontakt zu anderen Welpen und Hunden genauso wichtig wie der zu Katzen, Kaninchen oder Pferden.

Andere Hunde

Auch nachdem ein Welpe seinen Wurf verlassen hat, muss er noch viel über den Umgang mit Hunden lernen und sollte daher von Anfang an Kontakt zu anderen, freundlichen Hunden haben. Treffen Sie also eine Vorauswahl. Er lernt so die Körpersprache der Hunde, ihr Sozialverhalten und den freundlichen Umgang mit ihnen *(S. 104–105)*. Je besser ein Welpe seine sozialen Fertigkeiten schulen kann, desto besser kann er später Konflikten aus dem Weg gehen und aggressive Auseinandersetzungen meiden.

Damit die Sozialisierung mit anderen Hunden problemlos verläuft, sollte der Welpe nur unaggressive Hunde treffen. Wird er bedrängt oder aggressiv angegangen, könnte das Narben hinterlassen, die vor allem bei nervös veranlagten Hunden später selbst zu aggressivem Verhalten führen können. Halten Sie Ihren Welpen möglichst von aggressiven Hunden fern. Sollte er eine schlechte Erfahrung machen, gleichen Sie sie durch eine gute Erfahrung mit einem ähnlichen Hund wieder aus.

Suchen Sie erwachsene Hunde, die mit anderen Hunden und Welpen ruhig und freundlich umgehen. Es ist besser, Ihr Welpe hat wenige, aber dafür nette Hundefreunde als viele, die aber teilweise aggressiv sind. Dennoch gilt, je mehr Hunde-

> »Suchen Sie **erwachsene Hunde,** die zu jungen wie zu älteren Hunden **freundlich** sind.«

△ **Perfekte Spielstunden**
Bei Spielstunden ist es wichtig, dass alle Welpen entspannt sind und ihr Spiel beaufsichtigt wird. Es sollte nicht zu wild zugehen, damit keiner der Welpen sich eingeschüchtert fühlt.

▷ **Vorsichtige Annäherung**
Es ist nicht immer vorhersehbar, ob ein Hund freundlich zu Welpen ist oder nicht. Halten Sie Ihren Welpen von Hunden, bei denen Sie sich unsicher sind, lieber fern.

◁ **»Hallo, Kaninchen!«**
Dieser Welpe erkennt das Kaninchen als Familienmitglied an und fordert es zum Spiel auf. Damit das Kaninchen sich nicht erschreckt, sollte die Begegnung ruhig ablaufen.

△ **»Wer bist du?«**
Vorsicht bei Begegnungen mit Tieren, die Ihrem Welpen schaden oder ihn ängstigen könnten. Halten Sie lieber einen Sicherheitsabstand ein.

freunde Ihr Welpe hat und je mehr Zeit er mit ihnen verbringt, desto besser kommt er später mit allen möglichen Hunden zurecht.

Es reicht auf keinen Fall aus, wenn Ihr Welpe nur einen Hundefreund hat, der bei Ihnen zu Hause lebt. Um gut sozialisiert zu sein, muss er Umgang mit vielen Hunden unterschiedlichen Alters, Temperaments und unterschiedlicher Größe haben.

Welpen

Spielgefährten im Welpenalter sind meist einfacher zu finden als erwachsene. Eine Welpengruppe im Hundeverein oder Welpenunterricht ist immer eine gute Idee, denn hier wird im kleinen Kreis unter Aufsicht gespielt. Wenn Sie das Gefühl haben, dass Ihr Welpe beim Spielen eingeschüchtert oder schikaniert wird, sollten Sie eingreifen, bevor er auf Hundegruppen ängstlich reagiert (S. 104–105).

▷ **»Hallo Schafe!«**
Eine vorsichtige Begegnung am Gatter sorgt dafür, dass der Hund sich nicht erschreckt, falls die Schafe näher kommen. Mit der Leine können Sie verhindern, dass er ihnen hinterherjagt.

Andere Tiere

Wenn Sie eine Katze haben, sollten Sie dem Welpen helfen, eine freundschaftliche und respektvolle Beziehung zu ihr aufzubauen. Er wird dann sein Leben lang freundlich zu Katzen sein und auch draußen wahrscheinlich keine Katzen jagen. Haben Sie keine Katze,

finden Sie eine, die keine Angst hat, und gewöhnen Sie den Welpen aus der Entfernung an ihre Gegenwart.

Wenn Sie häufig auf dem Land sind oder dort leben, sollten Sie den Welpen auch an Pferde und Nutzvieh gewöhnen. Die Begegnungen sollten ruhig ablaufen und keine Gelegenheit zum Jagen bieten.

»Wie wär's? Noch 'ne Runde?«
Der Colliewelpe (links) ist wach und bereit,
eine weitere Spielrunde mit dem Spaniel
einzuläuten. Der Spaniel ruht sich aber noch
aus. Er weicht dem Blick des Collies aus,
damit dieser ihn nicht anspringt.

Hilfe für scheue Welpen

Ein scheuer Welpe braucht Hilfe, um seine Ängste zu überwinden und sich zu einem selbstsicheren Hund zu entwickeln. Wird seine Scheu übersehen oder ignoriert, kann er später nervös und aggressiv werden.

Warum so schüchtern?

Nicht alle scheuen oder ängstlichen Welpen müssen schlechte Erfahrungen gemacht haben. Ein von Natur aus scheues Wesen oder ein Züchter, bei dem die Welpen in den ersten Wochen wenige Erfahrungen machen und wenig sozialisiert werden *(S. 16–17)*, kann dazu führen, dass ein Welpe sich bei neuen Begegnungen schüchtern und ängstlich verhält. Einige Rassen neigen auch von Natur aus zu scheuem Verhalten, wie etwa viele Hütehunde. Sie benötigen eine noch sorgfältigere frühe Sozialisierung als selbstbewusstere Rassen.

Halter scheuer Welpen müssen in den ersten Wochen konsequent daran arbeiten, dass der Welpe seine Furcht überwinden kann, besonders wenn sie von einem Mangel an Sozialisierung herrührt. Mit viel Geduld wird der Welpe dann schrittweise selbstsicherer und offener werden. Wenn man das Problem allerdings ignoriert, wird der Welpe immer scheu bleiben, was später sogar zu aggressivem Verhalten führen kann, wenn er erst einmal ausgewachsen und mehr von sich überzeugt ist.

▷ **Angst! Angst! Angst!**
Dieser Chihuahua zeigt alle Zeichen von Angst: eingeklemmter Schwanz, angelegte Ohren, gebückte Haltung, aufgerissene Augen und ständiges Züngeln. Er braucht dringend Hilfe.

▽ **»Bist du Freund oder Feind?«**
Dieser Welpe traut dem großen Schaf nicht und hält das Gewicht sprungbereit auf den Hinterpfoten, während er sich vorsichtig nähert.

△ Sicherheitszone
Halten Sie Abstand zu Dingen, die Ihren Welpen ängstigen. So kann er sich leichter entspannen. Stellen Sie sich einen großen Kreis um ihn vor und gehen Sie, falls nötig, noch weiter weg.

Gegenmaßnahmen

Ist der Welpe scheu und hat vor bestimmten Dingen Angst, versuchen Sie zu verhindern, dass er in für ihn bedrohliche Situationen gerät. Sorgen Sie dafür, dass er bei Ihnen eine sichere Zone hat, in der sein Sicherheitsabstand immer eingehalten wird – besonders, wenn er an der Leine ist und nicht weglaufen kann. Das hilft dem Welpen, sich sicher zu fühlen, und Sie können bestimmen, wann die Zeit günstig ist, an dem Problem zu arbeiten.

Helfen Sie Ihrem Welpen in vielen kleinen Trainingseinheiten, seine Furcht zu überwinden. Nähern Sie sich vorsichtig Dingen, vor denen er Angst hat, aber achten Sie auf jegliche Anzeichen von Furcht, wie etwa eine eingeklemmte Rute, angelegte Ohren, Gähnen, geweitete Augen oder Starren. Wenn Sie solche Anzeichen bemerken, gehen Sie zurück und halten beim nächsten

▷ »Ich versteck mich lieber!«
Dieser Colliewelpe fühlt sich durch den interessierten und selbstsicheren älteren Hund beunruhigt und geht lieber, zur Beschwichtigung die Nase leckend, hinter seinem Herrchen in Deckung.

Mal mehr Abstand. Spielen Sie in sicherer Entfernung mit dem Hund und belohnen ihn mit Leckerchen, damit er sich entspannt. Klappt das nicht, gehen Sie weiter weg. Wenn er entspannt spielt, können Sie wieder näher herangehen. Beenden Sie das Üben immer positiv.

Es braucht viele solcher Trainingseinheiten, damit der Welpe seine Furcht überwindet. Aber der

Aufwand lohnt sich, denn wenn Sie Erfolg haben, werden er und Sie in Zukunft entspannt durchs Leben gehen können. Hat der Welpe mehrere Ängste, konzentrieren Sie sich zuerst auf das einfachere Problem und gehen danach erst die komplizierteren an.

Es kann hilfreich sein, sich vom Tierarzt Beruhigungspheromone für den Hund geben zu lassen. Die synthetischen Duftstoffe imitieren den beruhigenden Geruch der säugenden Hundemutter und sollen scheuen Welpen helfen, ihre Ängste zu überwinden.

Habituation

Der Prozess, in dem man Welpen an neue Reize, wie etwa Gegenstände, Gerüche, Geräusche und Situationen gewöhnt, die zu unserem Alltag gehören, nennt man Habituation.

Gewöhnung

Damit Welpen zu entspannten Hunden heranwachsen, müssen sie lernen, ohne Angst mit alltäglichen Situationen in der Menschenwelt umzugehen. Sich an diese Dinge langsam zu gewöhnen, ist ein wichtiger Lernprozess im Welpenalter. Bei einer schlechten Habituation kann es sein, dass Sie einen ängstlichen, nervösen Hund bekommen, der sein Leben lang gestresst und schwer zu kontrollieren ist.

Zu Hause

Für uns ist unsere Wohnung vertraut, für den Welpen kann sie aber so manchen Schrecken bieten, wenn er beim Züchter nicht an eine Wohnumgebung gewöhnt wurde. Achten Sie also darauf, ob Ihr Welpe Anzeichen von Angst zeigt. Ist er scheu, gehen Sie es langsam an und helfen Sie ihm, seine Angst allmählich zu überwinden *(S. 86–87)*.

Draußen

Die Außenwelt kann für einen Welpen sehr furchteinflößend sein. Solange er noch nicht geimpft ist, sollten Sie ihn nur auf dem Arm mit nach draußen nehmen. So kann er fremde Anblicke und Gerüche schon einmal aus sicherer Höhe aufnehmen, was ihn auf Spaziergänge vorbereitet.

Sobald Ihr Welpe den ersten Impfschutz hat, sollten Sie so viel wie möglich mit ihm hinausgehen. Gehen Sie zunächst nur langsam und kurze Strecken, um ihn nicht zu überfordern. Bedenken Sie, wie klein und angreifbar er sich fühlt. Gehen

◁ **Fürchterliches Ungetüm**
Dieser Welpe hat sich bereits an die Waschmaschine gewöhnt, aber laute Haushaltsgeräte können Welpen anfangs sehr ängstigen.

▽ **»Was klappert da?«**
Auch Alltagsgeräusche, wie klappernde Töpfe und Geschirr in der Küche, können für einen Welpen, der sie nicht kennt, schon zu viel sein.

▷ **Straßenverkehr**
Lassen Sie Ihren Welpen vorbeifahrende Autos anfangs erst einmal aus einer sicheren Entfernung beobachten.

»Haushaltsgeräte sind für uns **normal,** für einen **Welpen** können Sie aber sehr **bedrohlich** wirken.«

Sie in seinem Tempo und vermeiden Sie unangenehme Begegnungen. Gewöhnen Sie ihn behutsam ans Auto, damit er ein entspannter Mitfahrer wird *(S. 122–123)*. Zeigen Sie ihm nach und nach alles, was ihm auf der Straße, im Park und auf dem Land begegnen wird, von Spaziergängern über Rucksacktouristen, Kindern auf Fahrrädern, Rindern, Schafen, Lkws bis zu verkehrsreichen Straßen.

Es ist nicht schwer, den Welpen an alles zu gewöhnen, was für ihn in seinem Leben wichtig ist, solange man schon früh und mit Bedacht mit der Habituation beginnt.

△ **Selbstsicherer Welpe**
Welpen, die schon beim Züchter an die Wohnumgebung gewöhnt wurden, sind gelassen. Scheue Hunde benötigen etwas mehr Hilfe im Alltag.

Laute Geräusche

Es ist wichtig, Welpen schon früh an laute Geräusche, wie etwa Feuerwerk, zu gewöhnen. Im Tierhandel sind Geräusch-CDs erhältlich, mit denen man Welpen schrittweise desensibilisieren kann. Beginnen Sie mit geringer Lautstärke, drehen etwas lauter und belohnen den Welpen mit Spiel und Leckerchen. Erschrickt der Welpe, drehen Sie wieder leiser und beginnen von vorn. Üben Sie nur kurz und steigern Sie die Lautstärke langsam. Zeigen Sie sich draußen bei plötzlichen lauten Geräuschen ungerührt und fröhlich und gehen Sie weiter.

△ **Unheimliche Waage**
In einer freundlichen Tierarztpraxis wird dem Welpen gezeigt, dass er vor Mensch und Maschine keine Angst zu haben braucht.

Wichtige Grundlagen

Stubenreinheit

Spielen

Kauen

Gute Gewohnheiten

Pubertät

Stubenreinheit

Eine der wichtigsten Lektionen, die ein junger Hund lernen muss, ist stubenrein zu werden. Wenn sie nicht in unsauberen Verhältnissen aufgezogen wurden, halten Welpen von Natur aus ihr Lager sauber. Wir müssen ihnen also nur beibringen, dass unsere gesamte Wohnung ihr Lager ist und sie ihr Geschäft draußen erledigen müssen. Natürlich passieren dem Welpen anfangs noch ein paar Unglücke, aber wenn Sie sich an ein paar einfache Zeitregeln halten, wird er schnell stubenrein. Dieser Abschnitt verrät Ihnen, wie Sie mit guter Aufsicht, Beständigkeit, Ausdauer und einem festen Tagesablauf schnell Erfolge erzielen werden.

ERZIEHUNGSERFOLG
Wenn Sie Ihren Welpen während der ersten Wochen gut beaufsichtigen, wird er schnell lernen, sein Geschäft draußen zu verrichten.

So wird der Welpe stubenrein

Wenn man einmal weiß, was zu tun ist, ist es sehr leicht, einen Welpen stubenrein zu bekommen. Man muss nur beharrlich und regelmäßig mit ihm nach draußen gehen und ihn gut beaufsichtigen.

Schlüssel zum Erfolg

Wenn ein Welpe sich erleichtern muss, sucht er instinktiv nach dem Untergrund, an den er gewöhnt ist. Hat der Züchter ihn schon an den Rasen im Garten gewöhnt, ist er praktisch schon stubenrein. Hat er sich aber auf dem Betonboden eines Zwingers gelöst, wird er nach einem harten Untergrund, wie etwa dem Küchenboden, suchen, und Sie müssen ihm beibringen, dass eine Wiese ein geeigneterer Ort ist.

Es ist am besten, wenn in den ersten Tagen nur ein Mensch für das Toilettentraining des Welpen zuständig ist oder Sie sich in regelmäßigen Abständen bei der Aufsicht abwechseln. Bringen Sie den Welpen bei folgenden Gelegenheiten nach draußen:
■ nach dem Füttern oder Trinken,
■ nach dem Schlafen,
■ nach dem Spielen,
■ nach jeder Aufregung, wie etwa dem Eintreffen von Gästen,
■ wenn er aussieht, als müsse er sich erleichtern; übliche Zeichen sind: intensives Schnüffeln, Drehen, ein entrückter Blick,
■ und auch sonst mindestens einmal pro Stunde.

Lassen Sie den Welpen im Haus nie aus den Augen. Beaufsichtigen Sie ihn und bringen Sie ihn hinaus, wann immer es nötig scheint. Wenn Sie ihn nicht beaufsichtigen können, bringen Sie ihn für sein Geschäft hinaus, spielen Sie ein wenig mit ihm und locken Sie ihn dann mit einem Kauspielzeug in sein Spielgehege zurück. Lassen Sie ihn aber bis zum nächsten Spiel- und Toilettengang nie länger als eine Stunde dort.

△ **Immer schön wachsam**
Wenn Sie sich zu sehr auf etwas anderes konzentrieren, kann das zu kleinen Unglücken im Haus führen, was das Training zurückwirft.

◁ **Mit viel Geduld**
Bleiben Sie immer beim Welpen, sonst kann er sich nicht auf sein Geschäft konzentrieren, möchte zu Ihnen ins Haus zurück und macht dann drinnen.

Schlafenszeit

Nehmen Sie den Welpen nachts mit ins Schlafzimmer, bis er gelernt hat, alleine zu schlafen *(S. 58–59)*. So hören Sie, wenn er aufwacht, und können ihn Gassi führen. Je wachsamer Sie sind, desto schneller wird Ihr Welpe lernen und bereits stubenrein sein, wenn Sie sein Bettchen aus dem Schlafzimmer räumen. Wenn Sie ihn nachts alleine lassen müssen, horchen Sie auf ihn und bringen ihn zügig hinaus, wenn er aufwacht.

Wie lange?

Manche Welpen lernen schneller als andere. Wenn Sie dem Welpen ungeteilte Aufmerksamkeit schen-

△ **Keine Unfälle provozieren**
Lassen Sie Ihren Welpen niemals länger als eine Stunde im Spielgehege eingesperrt und bringen Sie Ihn anschließend sofort nach draußen.

ken und einen strikten Toilettenplan einführen, kann er schon nach einer Woche fast völlig stubenrein sein. Wenn Sie die Dinge aber schleifen lassen und sich nur sporadisch kümmern, kann es mehrere Monate dauern.

▷ **Am Ball bleiben**
Welpen sind erst mit etwa sechs Monaten vollends stubenrein. Ermuntern Sie den Hund also weiter zum Gassigehen, sobald Sie denken, dass es nötig ist.

▽ **Bei Wind und Wetter**
Gehen Sie mit dem Welpen bei jedem Wetter nach draußen, damit er sich daran gewöhnt und später nicht mehr auf Ihre Nähe angewiesen ist.

Immer positiv sein

Wenn Ihrem Welpen ein Missgeschick passiert, ist es nicht seine Schuld, sondern Sie waren nicht aufmerksam genug. Versuchen Sie, noch mehr aufzupassen. Wenn Sie ihn für sein Malheur im Haus bestrafen, wird er Ihnen in Zukunft aus dem Weg gehen, wenn er muss, und sich für sein Geschäft eine versteckte Ecke suchen. Es wird dann nur schwerer, ihn zur Stubenreinheit zu erziehen. Loben Sie ihn begeistert, wenn er sein Geschäft am richtigen Ort erledigt, und wenn er an einen anderen Ort geht, bringen Sie ihn schlicht nach draußen. Dann begreift er schnell.

Reinlichkeitsprobleme

Das Stubenrein-Training ist nicht immer völlig problemlos, vor allem wenn der Welpe aus schwierigen Verhältnissen kommt. Lassen Sie sich nicht entmutigen, denn Sie werden es auf jeden Fall schaffen.

Unsaubere Zustände

Welpen, die in unsauberer Umgebung oder ohne separate Bereiche zum Schlafen und für die Toilette aufgewachsen sind, sind schwieriger zur Stubenreinheit zu erziehen. Die meisten Welpen erleichtern sich nicht dort, wo sie schlafen. Wachsen sie aber in unsauberer Umgebung auf, lernen sie, sich nicht daran zu stören. Dann werden sie nie einen gesonderten Platz aufsuchen und erleichtern sich schlicht da, wo sie gerade sind. Einen solchen Hund sollten Sie anfangs nicht aus den Augen lassen. Helfen Sie ihm beim Lernen, indem Sie ihn genau beobachten und schon beim kleinsten Anzeichen schnellstens hinausbringen. Am einfachsten ist die ständige Überwachung, wenn Sie seine Leine einfach an Ihren Gürtel binden.

△ **Harter Boden**
Welpen, die beim Züchter an Beton gewöhnt wurden, erleichtern sich anfangs auf festen Böden, wie in der Küche, im Bad oder auf der Terrasse.

Vorlieben

Schwieriger wird es auch, wenn Welpen an einen anderen Untergrund gewöhnt sind als den, auf dem sie sich bei Ihnen erleichtern sollen. Es ist beispielsweise möglich, dass der Welpe an Betonboden gewöhnt ist, aber bei Ihnen auf Gras Gassi gehen soll. Wenn der Züchter nicht aufgepasst hat, hat der Welpe unter Umständen sogar gelernt, den Teppich zu nutzen.

In diesen Fällen werden Sie etwas mehr Umsicht und Ausdauer benötigen. Beachten Sie während der ersten Woche des Trainings ein paar Zusatzregeln. Halten Sie den Welpen zu Zeiten, an denen er wahrscheinlich muss, wie etwa nach dem Schlafen oder Füttern, von seiner bevorzugten Unterlage fern und bringen Sie ihn dorthin, wo er sich erleichtern soll. Anfangs versucht er sich vielleicht zurückzuhalten, bis er auf seine »Toilette« gehen kann, aber mit konsequentem Training wird er sich bald umgewöhnen. Es kann helfen, wenn Sie ihn mit der

△ **Gewöhnung an die Hundetoilette**
Die Schale sollte groß sein und einen niedrigen Rand haben. Sobald er aussieht, als müsse er sich erleichtern, bringen Sie den Welpen zu seiner Hundetoilette und ermuntern ihn hineinzugehen.

△ **Vertrauter Geruch**
Hat der Welpe sich an die Hundetoilette gewöhnt, nehmen Sie etwas gebrauchtes Streu mit und legen es ins Gras. Der vertraute Geruch hilft ihm, sich auch an Gras zu gewöhnen.

> »Je **aufmerksamer** Sie in den ersten Wochen sind, desto **schneller** lernt Ihr Welpe **gute Manieren**.«

Leine an sich binden und ihn so unter ständiger Kontrolle haben.

Ohne Garten

Wenn Sie keinen Garten haben, Ihr Hund aber einer kleinen Rasse angehört, können Sie ihn an eine Hundetoilette gewöhnen. Hunde brauchen etwas länger, um sich daran zu gewöhnen, denn Umherlaufen und Schnüffeln stimuliert sie, sich zu erleichtern. Aber mit etwas Geduld funktioniert es auch in diesen Fällen.

Ermuntern Sie den Welpen zunächst dazu, sich die Toilettenschale mit dem Streu genau anzusehen und ohne Furcht hinein- und hinauszuhüpfen. Anschließend bringen Sie ihn immer zur Hundetoilette, wenn Sie denken, dass es nötig ist. Bleiben Sie geduldig, denn dies ist für ihn nicht ganz einfach, und lassen Sie sich von kleinen Unfällen, oder wenn ein Fortschritt sich nicht sofort einstellt, nicht frustrieren. Anfangs helfen vielleicht auch spezielle weiche Vlieseinlagen für die Welpentoilette, die einen anregenden Duft verströmen. Legen Sie die sogenannten Puppy Pads erst weiträumig aus und reduzieren Sie die Fläche dann immer weiter. Wenn der Welpe dann nur noch ein Pad benutzt, können Sie es in die Toilettenschale legen. Sobald er sich an die Hundetoilette gewöhnt hat, können Sie ihn zusätzlich an Gras gewöhnen. Damit er versteht,

was Sie von ihm wollen, legen Sie einfach etwas benutztes Streu auf den Rasen.

Weitere Hilfen

Wenn Ihr Welpe auch nach zwei Wochen intensivem Training nicht stubenrein ist, sollten Sie beim Tierarzt untersuchen lassen, ob wirklich

△ **An die Leine gelegt**
Binden Sie den Welpen mit einer Leine an sich, haben Sie ihn immer im Blick und bekommen auf jeden Fall mit, wenn er nach draußen muss.

alles in Ordnung ist. Zudem wird der Tierarzt Ihnen wahrscheinlich einen erfahrenen Hundetrainer empfehlen können, der Ihnen mit Ihrem Problem weiterhelfen kann.

Spielen

Welpen lieben es zu spielen. Diese natürliche Spielfreude können wir Menschen nutzen und ihnen beibringen, wie sie mit Menschen Spaß haben können. Ein gut erzogener Hund spielt gerne mit Menschen, weiß, dass er nicht zu übermütig sein darf, und achtet darauf, dass er nur ins Spielzeug und nicht in die Hand beißt. In diesem Abschnitt erfahren Sie, wie Sie Ihrem Welpen verschiedene Spiele beibringen können und was Sie tun können, wenn er überdreht reagiert. Wenn Sie sein Spiel mit anderen Hunden beaufsichtigen, lernt er zudem, dass Menschen Vorrang haben, und wird das Spiel mit anderen Hunden abbrechen, wenn Sie das verlangen.

ENGE BANDE KNÜPFEN
Spielen stärkt die Beziehung zwischen Mensch und Tier. Spielen Sie daher auch weiter mit Ihrem Hund, wenn er erwachsen ist.

Spielbeißen

Unter Welpen ist Beißen normales Spielverhalten. Wenn wir ihnen nicht rechtzeitig angewöhnen, sich im Spiel mit uns an Spielzeug zu halten, werden sie auch uns beißen, was später schmerzhaft werden kann.

Ursachen und Lösungen

Unter Welpen im Wurf ist der Kontakt mit den Zähnen und Beißen ein ganz normales Spiel. Wenn Sie aber uns beißen, kann das wehtun, denn wir haben kein Fell, das uns vor den scharfen Welpenzähnen schützt. Selbst wenn wir zeigen, dass wir das nicht mögen, versucht der von seinen Geschwistern getrennte Welpe, verzweifelt und auf die einzige ihm vertraute Weise, uns zum Spielen aufzufordern.

Möchten Sie also, dass Ihr Welpe mit dem Spielbeißen aufhört, müssen Sie ihm beibringen, mit Ihnen mit Spielzeug zu spielen. Beginnen Sie mit weichem Spielzeug. Wenn es etwa welpengroß ist, wird er es als Geschwisterersatz ansehen und schneller verstehen, was er tun soll. Folgen Sie dann den unter »Mit Menschen spielen« erklärten Schritten *(S. 102–103)*. Tragen Sie das Spielzeug anfangs immer mit sich, wenn Sie sich mit dem Welpen beschäftigen. Will er beißen, halten Sie ihm das Spielzeug hin, damit er statt Ihnen das Spielzeug beißt.

Vergisst der Welpe dies einmal versehentlich und beißt Sie in Hände oder Füße, gehen Sie mit dem Spielzeug etwas von ihm weg. Sehen Sie ihn nicht an und reden Sie nicht, bis er sich beruhigt hat und sich von Ihnen abwendet.

Extremes Spielbeißen

Beißt er besonders fest, ist Ihre Haut sehr empfindlich oder haben Sie Kinder, die auf Spielbeißen ängstlich reagieren, müssen Sie mehr Kontrolle ausüben, bis der Welpe gelernt hat, nur in Spielzeug zu beißen. Befestigen Sie eine lange Leine an seinem Halsband, mit der Sie seine Reichweite begrenzen und besser kontrollieren können, dass er seine Zähnchen auch wirklich nur in Spielzeuge versenkt.

▷ **»Aua!«**
Beißende Welpen sind nicht aggressiv, sie versuchen nur, uns auf ihre Art zum Spielen aufzufordern – auch wenn wir das oft nicht verstehen.

▽ **Flauschiges Ersatzgeschwisterchen**
Bringen Sie dem Welpen bei, in ein Spielzeug statt in Ihre Finger zu beißen. Schon bald wird er sich beim Spielen auf sein Spielzeug konzentrieren.

Warum spielen?

Spielen ist für Hunde aller Altersstufen sehr wichtig. Es bietet ihnen die Möglichkeit, ihre Energie abzubauen und ihr Jagdverhalten spielereisch auszuleben. Mit Spielzeugen spielen macht Mensch und Tier sehr viel Spaß und der Hund kann sich dabei richtig verausgaben. Zudem festigt es die Beziehung zwischen Mensch und Hund. Und wenn Ihr Welpe früh lernt, dass er sich an Regeln halten muss *(S. 102–105)*, bleibt er auch in aufregenden Situationen viel besser kontrollierbar.

Erwachsene Hunde brauchen genauso viel Spiel wie Welpen. Hören Sie also nicht einfach auf, nur weil der Hund erwachsen ist.

Gutes Spielzeug

Je nach Alter benötigen Welpen unterschiedliches Spielzeug. Wenn sie noch klein sind und zahnen, brauchen sie große, weiche Stofftiere, die sie an ihre Geschwister erinnern. Wenn sie größer werden, mit Menschen spielen lernen und die zweiten Zähne bekommen, brauchen sie kräftigere Spielsachen wie Taue mit Knoten und anderen harten Stellen. Fast erwachsene Welpen brauchen dann eine Vielzahl robuster Spielsachen.

Spielzeug für junge Welpen

Spielzeug für ältere Welpen

Spielzeug für erwachsene Hunde

△ **Schluss jetzt!**
Beißt der Welpe Sie, nehmen Sie ihm das Spielzeug weg und ignorieren Sie ihn. So lernt er, mit seinen Zähnen vorsichtiger zu sein.

▷ **Unter Aufsicht**
Bis er sicher spielt, können Sie mit der Leine kontrollieren, dass er nur das Spielzeug erreichen kann. Lassen Sie ihn aber nie angeleint alleine.

Mit Menschen spielen

Da Spielen sehr wichtig ist und die Beziehung festigt, sollte es Ihnen und Ihrem Welpen Spaß machen. Damit das klappt, muss beim Spielen ein ausgewogenes Verhältnis von Spaß und Kontrolle herrschen.

So wird gespielt

Für sehr junge Welpen benötigen Sie ein weiches Stofftier *(S. 101)*, das ausreichend groß ist, sodass der Welpe nicht versehentlich Ihre Finger erwischt. Begeben Sie sich zu dem Hund auf den Boden und bewegen Sie das Stofftier mal langsam, mal schnell. Bewegen Sie es auch um sich herum, damit es mal verschwindet und wieder auftaucht. Machen Sie aber keinen Wettkampf daraus oder behalten das Spielzeug immer für sich. Lassen Sie ihn es fangen und versuchen, es wegzuziehen, während Sie sanft dagegenhalten. Wenn Sie das Spielzeug für ihn werfen, werfen Sie es nicht zu hoch, denn sonst gerät es aus dem Blick und er verliert das Interesse.

Lassen Sie ihn ab und zu das Spielzeug wegziehen und warten Sie geduldig, bis er wieder zum Spielen zurückkommt. Lässt er es fallen, laufen Sie zu ihm und ermuntern ihn, es wieder aufzuheben. Nimmt er es, loben Sie ihn. Streicheln Sie ihn besser an den Flanken als am Kopf, denn sonst könnte er meinen, Sie wollten es ihm wegnehmen, und Sie in Zukunft meiden, wenn er das Spielzeug hat. So wird Apportieren später einfach *(S. 164–165)*.

Das Spiel sollte immer Spaß machen. Seien Sie also nicht frustriert, wenn Ihr Welpe keine Lust hat. Konzentrieren Sie sich dann auf das Spielzeug und zeigen Sie ihm demonstrativ, wie viel Spaß Sie damit haben. Irgendwann wird er mitmachen wollen. Hören Sie immer auf, bevor einer von Ihnen

△ **Unwiderstehlich**
Für Welpen ist ein Stofftier am unwiderstehlichsten, wenn es schnell über den Boden bewegt wird wie ein kleines, scheues Tier. So regen Sie den Welpen an, es anzuspringen.

▷ **Fliegender Fuchs**
Werfen Sie das Stofftier ein kleines Stück weit, damit der Welpe es jagen kann. Halten Sie es dabei aber in seinem Blickfeld, damit er nicht das Interesse verliert.

△ **Lauf- und Hetzspiele**
Manche Hunde jagen einfach gerne hinter etwas her.
Andere werden euphorisch, wenn sie das Spielzeug
haben, und geben es dann nur noch ungern wieder ab.

△ **Tauziehen**
Viele Hunde lieben Tauziehspiele. Dies gilt besonders für Hunde,
die sich gerne mit anderen messen, denn sie können so ihre
eigene Stärke spüren und gleichzeitig ihre Energie abbauen.

»**Spielen** sollte immer **Spaß** machen. Seien Sie also **nicht frustriert,** wenn Ihr Welpe mal **keine Lust** hat.«

genug hat. Der Hund lernt dadurch, begeistert mit Spielzeug zu spielen, was sein späteres Training stark erleichtert. Legen Sie die Stofftiere am Ende der Spielrunde sicher weg, damit der Welpe sie nicht zerkaut. Lassen Sie aber ein robusteres Spielzeug liegen, damit er alleine spielen und kauen kann.

Wenn er älter wird und schon geübter im Spiel mit Spielzeug und Menschen ist, werden Sie schnell feststellen, welche Spiele er bevorzugt, ob nun Tauziehen, spielen mit Quietschtieren oder Laufspiele. Beim regelmäßigen gemeinsamen Spielen lernen Sie und Ihr Hund, wie stark der andere ist und welche Fähigkeiten er hat.

Kontrolliertes Spielen
Wenn beide das Spiel genießen sollen, braucht es Regeln. Bringen Sie dem Welpen bei, nicht in Ihre Finger, sondern ins Spielzeug zu

beißen *(S. 100–101)* und es auf Kommando abzugeben. Bieten Sie ihm anfangs zum Tausch ein anderes Spielzeug oder Leckerchen an, das Sie mit dem Kommando »Aus!« verbinden *(S. 142–143)*. Er sollte lernen zu warten, bis Sie ihm ein Spielzeug anbieten. Halten Sie es dafür außer Reichweite und werfen Sie es erst, wenn er sitzt. Wenn Ihr Hund kontrolliert spielen lernt, kann er auch mit Fremden oder Kindern spielen, ohne sie aus Versehen zu verletzen. Später können Sie ihm beibringen, zu warten, bis Sie das Spielzeug geworfen haben *(S. 166–167)*, und ihn vom Spiel abzurufen *(S. 170–171)*. So bleibt er als erwachsener Hund auch in hitzigen Situationen kontrollierbar.

▷ **Wer hat das Sagen?**
Wenn Sie Ihren Welpen auch kontrollieren können, wenn er eigentlich nur ans Spielen denkt, wird er später in auch hitzigen Situationen besser kontrollierbar.

Mit Hunden spielen

Indem Sie Ihren Welpen beim Spiel mit anderen Hunden beaufsichtigen, erlernt er ein freundliches Sozialverhalten anderen gegenüber und ist gefestigt genug, um feindseligen Begegnungen auszuweichen.

Spielgefährten wählen

Das Spielen mit freundlichen anderen Hunden ist wichtig, damit der Welpe ein gesundes Sozialverhalten erlernt. Er sollte aber auf jeden Fall mehr Zeit mit Menschen spielen als mit anderen Hunden, da er ja noch lernen muss, wie man mit Menschen richtig Spaß hat *(S. 102–103)*.

Er sollte mehrfach pro Woche mit anderen Hunden, sowohl mit Welpen als auch mit erwachsenen, spielen können. Die Spielkameraden sollten freundlich und umgänglich sein und nicht allzu wild spielen. Sind seine Spielgefährten Raufbolde, die andere gerne schikanieren, bekommt er vielleicht Angst, was später zu Problemen führen kann *(S. 82–83)*. Ebenso können Begegnungen mit aggressiven Hunden dazu führen, dass Ihr Welpe später anderen Hunden gegenüber aggressiv wird. Es ist also für die Entwicklung des Tiers wichtig, mit wem, wie lange und wie es als Welpe spielt.

Schützen Sie den Welpen vor unschönen Erfahrungen, indem Sie fremden Hunden, die Sie nicht einschätzen können, fernbleiben. Sie können zudringlichen Hunden durch Ihre abgewandte Körperhaltung signalisieren, dass die Begegnung uninteressant für sie sein wird.

△ **Begrüßung im Park**
Suchen Sie umgängliche Hunde, die auch mit Welpen freundlich umgehen. Tauschen Sie sich mit anderen Hundebesitzern aus.

Spielen unter Aufsicht

Beobachten Sie das Spiel sorgfältig und greifen Sie ein, falls es außer Kontrolle gerät. Zeigt Ihr Welpe beim Spielen dominantes Verhalten – schnappt nach anderen und schüttelt sie, fixiert einen anderen am Boden oder steigt auf

»**Welpen** sollten regelmäßig mit anderen **Hunden** und **Welpen spielen.**«

◁ **Gute Freunde**
Damit der Hund sich in erster Linie am Menschen orientiert, sollten Sie für jede fünf Minuten Hundespiel selbst 15 Minuten mit ihm spielen.

Wenn Ihr Welpe lernt, dass Spielen mit Ihnen und dem Spielzeug mehr Spaß macht als das Spiel mit anderen Hunden, können Sie ihn bei Spaziergängen jederzeit zu sich rufen.

und für ältere zehn Minuten Spiel vollkommen aus. Nach einer Ruhepause können sie ja später noch mal spielen.

Die richtige Mischung

Lassen Sie den Welpen aber nicht nur mit Hunden spielen, denn sonst orientiert er sich mehr an anderen Hunden als an Menschen, lernt hauptsächlich von Hunden und interessiert sich irgendwann kaum noch für Sie. Welpen sollten etwa dreimal so viel mit ihren Menschen spielen als mit anderen Hunden. Dadurch orientieren sie sich mehr am Menschen und werden zu einem entspannteren Haustier.

dessen Rücken –, sollten Sie das unterbinden, damit er sich dieses später inakzeptable Verhalten nicht angewöhnt. Fassen Sie den Welpen dann sanft, aber bestimmt, drehen Sie ihn weg und lassen Sie ihn sich beruhigen, bevor er weiterspielen darf. Wird einer der Welpen ängstlich, brechen Sie sofort ab.

Wie kleine Kinder ermüden auch Welpen sehr schnell. Für sehr kleine Welpen reichen vier Minuten

△ **Gut behütet**
Idealerweise sind die Spielgefährten des Welpen ungefähr so alt und groß wie er. So ist keiner ständig unterlegen oder gewinnt immer die Oberhand, wenn die Welpen rangeln.

▽ **Zeit für ein Päuschen**
Braucht Ihr Welpe beim freundlichen Spiel eine Pause, hocken Sie sich hinter ihn und halten Sie den anderen Hund sanft auf Armlänge Abstand.

Kauen

Obwohl Kauen normales Welpenverhalten ist, werden viele Welpen dafür bestraft. Natürlich ist es ärgerlich, wenn Einrichtungsgegenständen zerstört werden – und kann darüber hinaus teuer sein. Aber wenn Sie Ihrem Welpen genug zu kauen geben und ihm schon früh gute Gewohnheiten antrainieren, gibt es keinen Grund, warum er Ihre Sachen ankauen sollte. Auf den nächsten Seiten erfahren Sie, welche unterschiedlichen Kauphasen es gibt und warum Ihr Welpe kaut. So können Sie sicherstellen, dass er nur an Dingen kaut, an denen er auch kauen darf. Außerdem erfahren Sie, was Sie ihm am besten geben und wie er sein Interesse daran nicht verliert.

UNGENIESSBAR
Der Welpe braucht für seine Zähne etwas Hartes zum Kauen. Ein Stofftier geht kaputt und wenn er die Teile verschluckt, ist das gefährlich.

Kauen im Welpenalter

Vom Beginn des Zahnens an bis zur Pubertät müssen Welpen kauen und tun es mit Begeisterung. Jetzt sollten sie lernen, was sie kauen dürfen und was nicht, damit sie keine schlechten Gewohnheiten entwickeln.

Warum Welpen kauen

Welpenkauen hat zwei Gründe: Zum einen hilft es gegen die Schmerzen beim Zahnen, wenn zwischen dem dritten und sechsten Lebensmonat die endgültigen Zähne durchbrechen. Zum anderen erkundet der Hund seine Umwelt mit der Schnauze, genauso wie Kleinkinder das mit den Händen tun. Bis zum Alter von sechs Monaten kauen Welpen daher sehr viel, danach sollte das Verhalten langsam ein wenig nachlassen.

Gute Gewohnheiten

Am besten erlauben Sie Ihrem Welpen von Anfang an, nur an dem zu kauen, was Sie ihm zum Kauen geben, damit er nicht auf falsche Gedanken kommt. Kaufen Sie verschiedene Kauknochen und Streifen, damit Sie ihm immer etwas anbieten können. Tauschen Sie sie regelmäßig aus, bis der Welpe mindestens ein Jahr alt ist. Am ehesten kauen Welpen, wenn sie sich ausruhen und nach einer Beschäftigung suchen oder wenn sie sich nach dem Fressen entspannen. Halten Sie daher immer neue Kaustreifen bereit, damit er nie in

> **»Gute Kaugewohnheiten** verhindern, dass der Hund **an Möbeln** knabbert.«

△ **Feste Kaustreifen**
Kaustreifen aus Rinderhaut sind bei Welpen sehr beliebt. Weichen Sie die Enden anfangs ein wenig in lauwarmem Wasser an.

◁ **Viel Abwechslung**
Eine Auswahl an Kauspielzeug verhindert, dass der Welpe an Möbeln knabbert. So schützen Sie nicht nur Ihre Einrichtung, sondern verhindern auch, dass der Hund sich verletzt.

Kauartikel für Welpen

Die besten Kauartikel sind fest und robust. Sie geben dem Biss nach, bieten aber genug Widerstand, um den Kauapparat zu stärken. Sichere Kauartikel zerbrechen nicht in scharfe, unverdauliche Bruchstücke, die aus Versehen verschluckt werden könnten. Gekochte Knochen sind nicht sicher, da sie splittern.

Große Auswahl
Der Handel bietet eine große Auswahl an Kauartikeln an, von füllbarem Gummispielzeug über Rinderhaut bis zu verschiedensten Knochen.

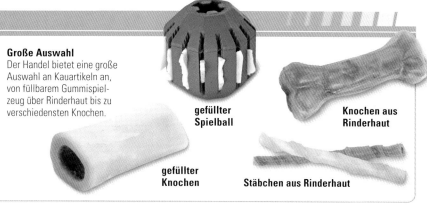

gefüllter Spielball

Knochen aus Rinderhaut

gefüllter Knochen

Stäbchen aus Rinderhaut

Versuchung kommt, sich an Möbeln oder der Einrichtung zu vergreifen, weil er nichts anders findet. Achten Sie darauf, dass er wirklich daran kaut, und wenn Sie ihn nicht beaufsichtigen können, setzen Sie ihn mit verschiedenen Kauspielzeugen in sein Spielgehege. So können Sie sicher sein, dass er keinen Schaden anrichten kann.

Beim Kauen entwickeln Welpen schnell Vorlieben für bestimmte Materialien. Hat ein Welpe beispielsweise herausgefunden, wie »lecker« Holz ist, wird er immer wieder daran kauen wollen. Um zu kontrollieren, welche Materialien er kaut, müssen Sie also darauf achten, dass Ihr Welpe bestimmte Materialien erst gar nicht kennenlernt. Bieten Sie ihm stattdessen etwas für ihn Geeignetes an.

Wenn Sie Ihren Hund dabei erwischen, wie er an einem Möbel kaut, lenken Sie ihn mit einem seiner Kauspielzeuge ab und loben Sie ihn, wenn er es annimmt. Wenn das nicht hilft und er zurück zum Möbel will, reichen Sie ihm ein anderes Kauspielzeug oder füllen Sie einen Kauknochen mit einem Lieblingsleckerchen.

◁ **Ruhezeiten**
Wenn Sie mit etwas anderem beschäftigt sind oder möchten, dass der Welpe sich ruhig hinlegt, sind Kaustreifen eine tolle Beschäftigung. Halten Sie besonders beliebte Kaustreifen für solche Gelegenheiten zurück.

Unfälle verhindern

Die meisten Halter tolerieren, dass anfangs ein paar Unfälle geschehen und der Welpe etwas zerkaut. Sie können diese Zwischenfälle aber auf ein Minimum reduzieren, wenn Sie wissen, wie Sie Ihren Welpen ablenken können, ihn ständig beaufsichtigen und ihn ansonsten in sein Spielgehege setzen. Räumen Sie alles weg, was ihn zum Kauen verlocken könnte, wie Kinderspielzeug oder Fernbedienungen. Bieten Sie ihm verschiedene Kauspielzeuge an, lassen Sie immer ein paar herumliegen und tauschen Sie sie regelmäßig aus. Sorgen Sie mit Spielen und Erziehung dafür, dass der Hund ausgelastet ist und wenig Energie zum Kauen übrig hat.

▽ **Linderung beim Zahnen**
Wenn der Welpe zahnt, kann ein gekühlter gefüllter Knochen seine Schmerzen lindern. Außerdem bietet das gefüllte Spielzeug Ablenkung, wenn Sie ihn alleine lassen müssen.

Kauen in der Pubertät

Ein Welpe in der Pubertät kann beim Kauen wesentlich mehr Schaden anrichten als ein jüngerer. Als Halter sollten Sie wissen, warum Ihr Hund kaut, und ihm immer nur für ihn sichere Dinge zum Kauen geben.

Timing

Die Pubertät beginnt beim Hund etwa mit sechs Monaten, die pubertäre Kauphase etwas später, erst mit sieben bis neun Monaten, und hält an, bis er mit etwa einem Jahr ausgewachsen ist. Er ist jetzt größer und seine Kiefer sind kräftiger, er kann also mehr Schaden anrichten.

Gründe

Mit dem Kauen stärken Welpen in der Pubertät ihre Zähne und Kiefer. In der freien Wildbahn würde ein Welpe etwa in diesem Alter seine Mutter und den Wurf verlassen und sich aufmachen, die Welt zu erkunden. Ein inneres Programm lässt ihn dabei lange Strecken zurücklegen und fast den ganzen Tag umherlaufen. Lässt man seinen Welpen in dieser sehr aktiven Phase viel alleine und unbeaufsichtigt, sucht er sich für seine Energie

◁ **Welpe allein zu Haus**
Ein Welpe in der Pubertät, der lange alleine gelassen wird, wird schnell frustriert und zerstört dann Dinge, um seine Energie abzuarbeiten.

▽ **Herausforderung**
Geschicklichkeitsspiele, wie mit dieser Flasche mit Leckerchen, brauchen viel Energie auf und halten den Welpen davon ab, Unheil anzurichten.

> »Bevor Sie den **Welpen alleine** lassen, sollten Sie lose **Gegenstände einsammeln.**«

ein anderes Ventil und wendet sich vielleicht mit verheerender Wirkung der Einrichtung zu. Hunde, die wie Labradore zur Arbeit mit dem Fang gezüchtet wurden, sind dafür etwas anfälliger als andere Rassen.

Abhilfe

Wenn Sie in dieser Zeit keine Kleinteile herumliegen lassen und dem pubertierenden Hund viele Kaualternativen bieten, können Sie

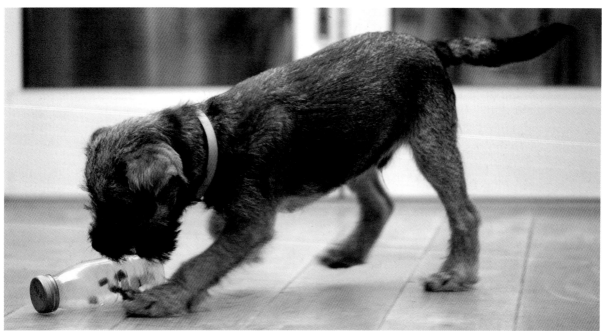

Zeit für Erkundungen

Die Pubertät ist die Zeit der großen Erkundungen und Entdeckungen. Wenn Sie Ihren Hund nun an Orte bringen, an denen er noch nie zuvor war, und ihn viel Neues entdecken lassen, wird sein großer Erkundungsdrang gestillt und er kann sich entspannen. Lassen Sie ihn stattdessen in dieser Zeit viel alleine, wird er versuchen, diesen Drang anders auszuleben, und dabei wahrscheinlich seine Zähne im Haus austesten.

◁ **Auf zu neuen Ufern**
Welpen in der Pubertät erkunden gerne unbekanntes Territorium. Ein Welpe, der draußen viel entdecken darf, ist zu Hause zufriedener.

seine Pubertät gut überstehen. Sein Kauspielzeug sollte groß genug sein, um ihn einige Zeit zu beschäftigen. Bieten Sie ihm mehrere an, wenn Sie ihn alleine lassen müssen. Müssen Sie ihn am nächsten Tag wieder alleine lassen, geben Sie ihm neues Kauspielzeug.

Eine besondere Ablenkung sind gefüllte Spielzeuge, die die Geschicklichkeit fördern. Dies sind etwa Kartons mit Löchern, in denen ein paar duftende Leckerchen versteckt sind, die Futterportion für den Abend in einem befüllbaren Spielzeug oder andere Futterverstecke, die den Welpen in Ihrer Abwesenheit ablenken. Für sein Spielgehege ist er inzwischen wahrscheinlich zu groß. Nutzen Sie stattdessen am besten ein Zimmer und räumen Sie alles weg, was lose herumliegt. So kann der Welpe in Ihrer Abwesenheit nur wenig Schaden anrichten. Bevor Sie ihn in Ihrer Abwesenheit frei im Haus herumlaufen lassen, sollte er verlässlich gelernt haben, woran er kauen darf und woran nicht.

△ **Für Beschäftigung sorgen**
Kleine Kartons mit Leckerchen, die sich in größeren Kartons verstecken, halten den Welpen beschäftigt und verhindern, dass er stöbern geht.

Wenn Sie zu Hause sind, sollten Sie Ihrem Welpen einmal pro Stunde Spiel und Abwechslung bieten. Eine tolle Idee ist es auch, ihn in alltägliche Arbeiten im Haus einzubinden, wie etwa das Einsammeln des Spielzeugs *(S. 164–167)*. Je mehr er tagsüber beschäftigt ist, desto weniger sucht er nach etwas, an dem er kauen kann, um sich die Langeweile zu vertreiben. Und je intensiver er für Ihre Zuneigung und Ihr Lob arbeitet, desto stärker wird das Band zwischen Ihnen.

△ **Abschiedsleckerchen**
Ein neues Kauspielzeug beim Abschied beschäftigt den Hund in Ihrer Abwesenheit und verhindert, dass er an etwas anderem kaut.

Gute Gewohnheiten

Wir alle haben lieber wohlerzogene Hunde um uns. Aber wie Kinder wissen Welpen nicht, was richtig und was falsch ist. Es liegt also an Ihnen, ein Vertrauensverhältnis zu Ihrem Welpen aufzubauen und ihm beizubringen, was Sie von Ihm erwarten. Die folgenden Seiten zeigen Ihnen, wie Sie dafür sorgen, dass sich schlechte Gewohnheiten wie Hochspringen, Spielzeug verteidigen und Essen klauen erst gar nicht entwickeln und sich Ihr Welpe zu Hause und unterwegs immer gut benimmt. Wenn Sie früh beginnen und schlechtes Verhalten nie belohnen, wird er ein gut erzogener Hund werden.

SELBSTBEHERRSCHUNG
Um ein wohlerzogener Hund zu werden, muss der Welpe lernen, sich zu beherrschen und ruhig zu warten, bis Sie ihm etwas erlauben.

Eine enge Bindung aufbauen

Die richtige Mischung aus enger Freundschaft und Kontrolle ist nicht einfach zu erzielen. Beginnen Sie früh damit, Ihrem Welpen Grenzen zu setzen, und zeigen Sie deutlich, was Sie von ihm erwarten.

Liebe und Vertrauen

Welpen gedeihen am besten bei Haltern, die sie ermuntern und gutes Verhalten durch Belohnungen fördern. Bei einem vertrauensvollen Verhältnis, das auf Liebe und Freundschaft basiert, wächst so ein glücklicher Hund heran, der gerne gefallen möchte. Bei ständiger Bestrafung werden Welpen nervös, reserviert und skeptisch.

Die altmodische Vorstellung vom Halter als »Boss« kippt schnell in Dominanz und Unterwerfung um.

▷ Liebe und Vertrauen
Ein Welpe kann nur dann absolutes Vertrauen zu seinen Menschen aufbauen, wenn sie immer sanft, freundlich und positiv mit ihm umgehen.

▽ »Bleib unten!«
Klare Grenzen sind wichtig, damit ein Hund lernen kann, welches Verhalten erwünscht ist und welches nicht. Er lernt am besten, wenn erwünschtes Verhalten belohnt wird.

Das bricht den Willen des Hundes und lässt ihn ein elendes Leben führen. Die Befürchtung, dass Hunde die Führung übernehmen wollten, ist unbegründet. Sie sind bestrebt, mit Ihnen und für Sie zu arbeiten, wenn Sie sie loben, vor allem wenn Sie sich als kompetenter »Rudelführer« herausstellen, der gute Entscheidungen für sein Rudel trifft.

Grenzen setzen

Wie Kinder entwickeln sich Welpen am besten, wenn eine Elternfigur da ist, die eingreift, wenn etwas aus dem Ruder läuft, und für Sicherheit, Ruhe und Ordnung sorgt. Wenn Sie vom ersten Tag an klare Grenzen setzen und dem Welpen langsam beibringen, was er darf und was nicht *(S. 116–117)*, wird er früh gute Gewohnheiten annehmen.

◁ Geduld zahlt sich aus
Wenn der Welpe für jedes richtige Verhalten Lob und Leckerchen bekommt, wird er sich ins Zeug legen, um Ihnen zu gefallen, und versuchen, immer das zu tun, was Sie von ihm erwarten.

»Ständige **Strafen** machen Welpen allem **Neuen** gegenüber **skeptisch**.«

Solange Ihr Hund ein Welpe ist, sollten Sie versuchen, Probleme vorherzusehen, damit sich keine schlechten Gewohnheiten ausprägen, ungewolltes Verhalten sofort zu unterbinden und gutes Verhalten mit viel Lob und Leckerchen zu belohnen und zu fördern. So kommt der Welpe gar nicht erst in die Verlegenheit herauszufinden, wie gut sich Frechsein anfühlt. Indem Sie unerwünschtes Verhalten unterbinden und gewünschtes durch Belohnung verstärken, wird er sich schon bald im Zweifel immer für das von Ihnen angestrebte Verhalten entscheiden. Dadurch bekommt er noch mehr Lob, was wiederum dazu führt, dass er das von Ihnen gewünschte Verhalten noch lieber und häufiger zeigen wird *(S. 136–137)*.

Wann sagt man »Nein«?

Wenn Ihr Hund weiß, was Sie von ihm erwarten, und Sie sicher sind, dass er weiß, wie er sich verhalten soll, können Sie ihm mit einem deutlichen »Nein!« zeigen, dass Sie anderes Verhalten nicht akzeptieren. Zeigen Sie ihm dann, was Sie von ihm möchten, und belohnen Sie Ihn, wenn er es tut. So machen Sie ihm unmissverständlich klar, was von ihm erwartet wird. Wenn Sie dem Hund durch konsequentes Verhalten deutlich erkennbare Grenzen aufzeigen, bieten Sie ihm Sicherheit und Stabilität. Er fühlt sich dadurch zufriedener, als wenn Sie ihm einfach seinen Willen lassen.

△ **»Das ist nichts für dich!«**
Selbstbeherrschung ist eine wichtige Lektion für den Welpen. Sie verleiht ihm Ruhe und das Vertrauen, dass Sie ihm geben, was er möchte. Dies ist die beste Grundlage für gute Gewohnheiten.

▽ **»Nicht jetzt!«**
Ihr Welpe muss lernen, dass er nicht immer Ihre Aufmerksamkeit bekommt, wenn er sie will. Üben Sie Auszeiten, indem Sie ihn kurz ignorieren.

Unerwünschtes Verhalten

Um unerwünschtes Verhalten zu unterbinden, müssen Sie Ihrem Welpen nur deutlich zeigen, welches Verhalten Sie nicht mögen, und ihn für erwünschtes Verhalten immer sofort belohnen.

Selbstbelohnung

Es ist wichtig, dass Ihr Welpe sich keine schlechten Gewohnheiten zulegt. Unerwünschtes Verhalten darf sich nie lohnen, da es sich sonst verfestigt. Wenn Sie im ersten Lebensjahr die Bildung schlechter Gewohnheiten verhindern und Ihren Welpen gut erziehen, wird er auch später wahrscheinlich keine schlechten Gewohnheiten mehr entwickeln. Dafür ist es aber nötig, dass Sie vorausschauend handeln und den Welpen stets beaufsichtigen. Der Aufwand lohnt sich, denn Sie belohnen sich selbst mit einem dauerhaft gut erzogenen Hund.

Anspringen

Welpen springen, um näher an unser Gesicht zu kommen. Machen Sie es zu einer Grundregel, dass ihn niemand anspricht, ihn ansieht oder berührt, wenn der Welpe nicht alle Pfoten am Boden hat. Das gilt auch für Besucher. Verhindern Sie, dass der Welpe sie anspringt, indem Sie ihn an der Leine halten. Warten Sie, bis er die Pfoten am Boden hat, hocken Sie sich hin und loben und streicheln Sie ihn.

Küchenraubzüge

Lassen Sie nichts Essbares offen in der Küche liegen, bis der Welpe etwa ein Jahr alt ist. Räumen Sie vor dem Verlassen der Küche alles weg, damit er nicht hochspringt und sich selbst bedient. Ein solcher Fund wäre eine Belohnung. Findet er

△ **Unerwünschtes Verhalten ignorieren**
Springt der Welpe hoch, verschränken Sie die Arme und ignorieren ihn. Bleiben Sie ruhig, bis er merkt, dass sich dieses Verhalten nicht lohnt, und die Pfoten von alleine heruntersetzt.

▷ **Gewünschtes Verhalten belohnen**
Sobald er alle vier Pfoten am Boden hat, gehen Sie in die Knie und loben den Welpen begeistert, damit er versteht, dass er in Zukunft belohnt wird, wenn er unten bleibt.

aber nichts, wird er es irgendwann aufgeben und auch nicht mehr nachsehen, ob etwas da ist.

Bedenken Sie dies auch immer, wenn Sie Essen auf einen niedrigen Tisch oder sich einen Teller auf den Schoß stellen. Leinen Sie den Welpen in solchen Fällen immer an, damit Sie ihn besser kontrollieren und verhindern können, dass er »stibitzt«. Loben Sie ihn, wenn er es nicht versucht, und geben Sie ihm ein Spielzeug mit Leckerchen.

Bellen

Etwa im Alter von sieben bis acht Monaten fangen Welpen an anzuschlagen. Übermäßiges Bellen sollte vor dieser Phase unterbunden werden, damit der Welpe lernt, die meiste Zeit ruhig zu sein. Schlägt er an, weil draußen etwas passiert, lassen Sie ihn einmal bellen und ermuntern ihn danach für ein Leckerchen oder zum Spielen zu Ihnen zu kommen.

Hetzen

Seinen Hetztrieb sollte der Welpe in Lauf- und Hetzspielen mit Spielzeug austoben können. Das ist beson-

△ **Aufgeregtes Bellen**
Unterbinden Sie unerwünschtes Bellen sofort, indem Sie Ihren Welpen unterbrechen und ihm deutlich zeigen, dass Sie dies nicht wünschen.

▷ **Probleme vorhersehen**
Wenn etwas schnell auf Sie zukommt, wie ein Jogger, ein Tier oder ein Fahrradfahrer, lenken Sie Ihren Hund mit einem Spiel ab.

▷ **Nichts bleibt liegen**
Räumen Sie nach dem Kochen alles Essbare sicher weg, damit Ihr Welpe nicht lernt, dass man auf Arbeitsplatten leckere Dinge findet, die man »mopsen« kann.

ders bei Rassen wie Border Collies wichtig, die zum Hetzen und Hüten gezüchtet wurden. Üben Sie früh das Spiel mit Spielzeug *(S. 102–103)*, Apportieren *(S. 164–167)* und Verfolgungen abzubrechen *(S. 170–171)*. Gewöhnen Sie Ihren Welpen nach und nach an alles sich Bewegende, wie Jogger und Fahrradfahrer im Park oder Schafe auf der Weide *(S. 82–83)*.

»Ihre **Mühe** wird **belohnt,** denn in Zukunft haben Sie einen gut **erzogenen Hund.**«

Futterneid und Besitzgier

Hunde die früh lernen, Futter und Gegenstände wieder herzugeben und etwas erst auf Kommando sanft aus der Hand zu nehmen, sind viel einfacher zu handhaben als Hunde, die »klauen« oder besitzergreifend sind.

»Lass das!«, lernt der Welpe leicht (siehe unten). Sobald er es begriffen hat, können Sie ihn damit auch von anderen Dingen fernhalten und ihn mit etwas ganz Besonderem belohnen. Es ist ebenso wichtig, dass der Welpe lernt, dass Hände geben und nichts wegnehmen. Er muss Ihnen vertrauen und darf sein Futter oder Spielzeug nicht verteidigen (s. gegenüber). Erst dann kann er sich entspannen.

1 ▷

Da kommst du nicht dran
Zeigen Sie dem Welpen ein Leckerchen auf der offenen Hand und machen Sie dann eine feste Faust. Sagen Sie einmal »Nein!« und warten Sie geduldig. Bewegen Sie Ihre Hand nicht und ignorieren Sie alles, was er tut.

2 ◁

Etwas Abstand, bitte
Wenn er versucht, nach Ihrer Hand zu pföteln, heben Sie die Hand ein wenig und ignorieren Sie Knabbern (ziehen Sie einen dicken Handschuh an, falls er beißt). Warten Sie darauf, dass er mit dem Gesicht leicht zurückweicht.

3 ▷

Erfolg!
Belohnen Sie ihn dann sofort. Sobald er begreift, worum es geht, können Sie auch »Lass!« nutzen, um zu verhindern, dass er sich Leckerchen oder Spielzeug von einem Tisch holt. Belohnen Sie ihn fürs Warten.

1 ▷

Andere Verlockungen

Warten Sie, bis der Welpe von seinem Spielzeug oder Kauknochen genug hat, und bieten Sie ihm dann im Tausch dafür ein Leckerchen an. Halten Sie es ihm ruhig hin, bis er aufsteht, um es sich zu holen.

2 ◁

Tauschgeschäft

Locken Sie den Welpen mit dem Leckerchen von seinem Kauknochen weg und nehmen Sie ihn mit der anderen Hand unbemerkt auf. Geben Sie ihm das Leckerchen, sobald Sie den Knochen haben.

3 ▷

Zurückgeben

Hat der er das Leckerchen gefressen, geben Sie ihm den Kauknochen zurück. So lernt er, dass er Ihnen auch vertrauen kann, wenn er gerade frisst oder spielt.

PRAXISTIPP

Die meisten Welpen, die beißen, wenn man sie füttern will, sind nur unerfahren. Sie erwischen einen aus Versehen mit den Zähnen, wenn sie versuchen, an ihr Futter zu kommen. Geben Sie dem Welpen Leckerchen anfangs aus der flachen Hand mit angelegtem Daumen, damit er es problemlos erreichen kann. Wenn Sie trainieren, ihm die Leckerchen mit Daumen und Zeigefinger anzureichen, verwenden Sie zu Beginn größere Stücke, die er ganz sanft nehmen kann.

Zwicken verhindern

Bringen Sie Kindern bei, Leckerchen immer aus der flachen Hand anzubieten. So verhindern Sie, dass der Hund sie aus Versehen »zwickt«.

Frustrationen aushalten

Alle Welpen müssen lernen, dass sie nicht immer ihren Willen durchsetzen können. Sie müssen also einen Weg finden, mit Enttäuschung umzugehen, wenn etwas nicht so läuft, wie sie wollen.

Wichtige Grundlagen

Unangenehme Gefühle

In einer Welt, die von Menschen bestimmt wird, muss der Welpe lernen, dass er nicht immer seinen Kopf durchsetzen kann. Da Welpen sehr viel Zeit und Aufmerksamkeit brauchen, passiert es schnell, dass wir auf jedes Wimmern und Bitten reagieren. Der Welpe lernt dadurch aber, dass sich alles nach ihm richten muss, und das kann später zu Problemen führen.

Sieht der Welpe etwas, das er haben möchte, versucht er natürlich, es zu bekommen. Klappt das nicht, ist er frustriert. Wie wir alle wissen, ist das kein angenehmes Gefühl. Erinnern Sie sich nur an

ein Spielzeug, dass Sie als Kind unbedingt haben wollten und nie bekommen haben. Anfangs weiß der Welpe nicht, wie er mit solchen Gefühlen umgehen soll, und probiert verschiedene Verhaltensweisen aus, die ihm vielleicht helfen könnten. So beginnt er vielleicht

zu bellen, beißt wild um sich oder in seine Leine oder wirft sich hin und her. Er reagiert also genau wie ein Kleinkind im Supermarkt, das schreit und tobt, weil es die Süßigkeiten, die es haben wollte, nicht bekommen hat. Das mag heftig wirken und Ihnen peinlich sein,

△ **Außer Reichweite**
Werfen Sie ein Spielzeug und halten Sie die Leine so, dass er es nicht erreichen kann. Beginnen Sie aber mit etwas, das für Ihren Welpen keinen sehr hohen Wert hat.

◁ **Zur Ruhe kommen lassen**
Sprechen Sie nicht mit ihm und berühren Sie ihn nicht. Warten Sie nur und beobachten Sie ihn. Er wird verschiedene Strategien ausprobieren, seine Frustration zu bewältigen.

▷ **Loslassen**
Sobald der Welpe sich beruhigt hat, lassen Sie ihn sich das Spielzeug nehmen. Wenn Sie dies regelmäßig üben, wird er lernen, sich zu beherrschen und mit Enttäuschung umzugehen.

es ist aber ein ganz normaler Teil des Lernprozesses. Hat Ihr Welpe aber schon zu Hause gelernt, wie er mit Frustration fertig wird, können Sie sich peinliche Auftritte in der Öffentlichkeit ersparen.

Lernt Ihr Welpe nicht, Frustrationen auszuhalten, verstärkt sich das damit verbundene Verhalten,

◁ **Brav warten**
Ein gut erzogener Hund kann Frustrationen aushalten. Er sitzt und wartet brav, bis sein Halter ihm erlaubt, das zu tun, was er gerade tun möchte, weil es so viel spannender ist.

wenn er älter wird. Er sollte also am besten vor der Pubertät wissen, dass er nicht immer bekommt, was er will. Rassen, die für ihre Reaktionsfreude gezüchtet wurden, lernen dies etwas schwerer.

Frust bewältigen

Die meisten Welpen lernen von ganz alleine, mit Enttäuschungen umzugehen. Es ist ein natürlicher Teil ihrer Erziehung und Reifung. Der Welpe muss schließlich in vielen Situationen warten lernen, sei es, dass Sie zuerst durch die Tür gehen, sein Spielzeug werfen oder ihn endlich aus dem Wagen lassen und zum Spielen ableinen. Dies alles sind aufregende Situationen, in denen er seinen ursprünglichen Drang unterdrücken muss, um

Ihnen zu gefallen. Wenn Sie all dies regelmäßig trainieren, wird der Welpe von alleine lernen, mit negativen Gefühlen umzugehen. Dennoch wird es immer wieder Situationen geben, in denen seine Selbstbeherrschung versagt und seine Aufregung überhandnimmt. In diesen Fällen ist es sinnvoll, den Hund zu beruhigen und das Warten konsequent zu trainieren.

Beginnen Sie das Training mit etwas, das Ihren Hund nicht so stark interessiert, und steigern Sie sich langsam zu Begehrterem. Üben Sie zunächst zu Hause und später erst in realen Situationen. Je besser Ihr Welpe im Alltag mit Frustrationen zurechtkommt, desto besser wird er sie auch verkraften, wenn er sehr erregt ist.

▽ **Explosiver Ausbruch**
Welpen müssen schon früh lernen, dass sie nicht immer ihren Kopf durchsetzen können – auch wenn etwas sehr spannend ist. Sie müssen warten, bis ihr Halter seine Erlaubnis gibt.

Verhalten im Auto

Ein Hund, der gerne Auto fährt, ohne dass ihm schlecht wird, er randaliert oder sich erbricht, ist ein angenehmer Reisegefährte, den Sie jederzeit überallhin mitnehmen können.

Entspannte Reise

Für kleine Welpen kann Autofahren aufgrund der lauten Fahrgeräusche und des sich ständig bewegenden Bodens eine beängstigende Angelegenheit sein. Da der Welpe auch nicht sicher von einem Sitz gestützt wird, muss er bei jedem Spurwechsel und jeder Kurve in der Straße sein Gleichgewicht halten. Es kann lange dauern, bis er das beherrscht. Es wird aber einfacher, wenn er groß genug ist, um aus dem Fenster zu sehen. Wird er im Auto zu sehr hin und her geworfen, kann er sich erschrecken oder verletzen und eine dauerhafte Angst vor dem Autofahren entwickeln.

Eine Reisebox für das Auto kann Abhilfe schaffen, denn in ihr kann der Welpe sich anlehnen. Eine weiche Unterlage ist angenehm und bietet ihm während der Fahrt zusätzlich Beruhigung.

Fahren Sie mit einem Welpen immer vorsichtig. So kann er sich langsam gegen die Kurve lehnen, Balance halten und die Fahrt genießen. Planen Sie also immer genügend Zeit ein, damit Sie sich nicht beeilen müssen. Fahren Sie

▷ **Und hinein!**
Heben Sie den Welpen langsam und vorsichtig ins Auto, damit er sich nicht gleich zu Beginn der Fahrt erschreckt, und warten Sie, bis er ruhig und entspannt liegt.

◁ **Sicher eingeschlossen**
In einer fest eingebauten Reisebox kann der Welpe sich anlehnen, was ihm Sicherheit gibt. Sie muss groß genug sein, dass er sich umdrehen und hinlegen kann.

△ **Autofahren soll Spaß machen**
Ist Ihr Welpe ängstlich, zeigen Sie ihm mit Spielen, Leckerchen und Kauspielzeug, dass es Spaß macht, in der Nähe des Autos oder auch in der Hundebox im Auto zu sein.

in Kurven und bei Schlaglöchern langsam, um ihn nicht zu beunruhigen. Stellen Sie sich einfach vor, Sie fahren mit einem Glas Wasser und dürfen nichts verschütten. Beginnen Sie mit kurzen Fahrten und versuchen Sie, den Welpen anfangs überallhin mitzunehmen, damit er häufig Auto fährt. So gewöhnt er sich schnell ans Fahren.

Nehmen Sie jemanden mit, wenn Sie den Welpen abholen, der ihn auf dem Schoß halten kann. Das beruhigt ihn, denn um ihn herum ist ja alles neu, aufregend und vielleicht auch ein wenig beängstigend.

Häufige Probleme

Manche Welpen gewöhnen sich nur sehr schwer an Fahrten im Auto. Sie sind verängstigt, selbst wenn der Wagen langsam und nur geradeaus fährt. Es kommt dann häufig zu Erbrechen, Sabbern, Durchfall oder Bellen, oder die Hunde beginnen, das Wageninnere zu zerkauen.

Sie müssen dann einfach akzeptieren, dass Ihr Welpe sehr viel Übung und viel Zeit braucht, um sich im Auto sicher zu fühlen. Gehen Sie es langsam an und fahren Sie anfangs nur kurze Strecken. Sobald der Hund unglücklich schaut, halten Sie an und lassen Sie ihn ein wenig herumlaufen, damit er sein Gleichgewicht wiederfindet, bevor Sie weiterfahren. Verlängern Sie die Fahrtstrecken ganz langsam Stück für Stück.

»Legen Sie die **Reisebox** für den Welpen mit einem **weichen Kissen** oder einer **Decke** aus.«

Der Welpe muss sich im Auto sicher fühlen. Richten Sie ihm einen engen Raum mit einem weichen Polster ein, damit er nicht umherrollen kann. Wenn Sie ihn auf eine lange Fahrt mitnehmen müssen, rechnen Sie damit, dass er sich übergibt und unter sich lässt. Nehmen Sie Ersatzpolster und wasserfeste Unterlagen zum Wechseln mit.

Wenn der Welpe älter wird, freut er sich womöglich so sehr auf den Spaziergang am Ende der Fahrt, dass er nach dem Einsteigen frenetisch zu bellen beginnt. Fahren Sie immer erst los, wenn er sich beruhigt hat. Beginnt er während der Fahrt zu bellen, halten Sie an (wo dies möglich ist). Lassen Sie ihn auch erst aus dem Auto, wenn er ruhig ist. Es kann auch helfen, am Ziel erst einmal zehn Minuten lang Gehorsam zu trainieren. So lernt der Welpe langsam, dass es von Vorteil ist, wenn er ruhig bleibt.

◁ **Autogeschirr**
Eine Alternative zur Reisebox ist ein Autogeschirr. Es hält den Welpen sicher fest und verhindert, dass er bei plötzlichem Bremsen durchs Auto geschleudert wird.

▽ **Das war gar nicht schlimm**
Wenn Sie es langsam angehen und sich Zeit nehmen, den Welpen ans Autofahren zu gewöhnen, wird er bald überall zufrieden, entspannt und unternehmungslustig ankommen.

Ein Hund in der Pubertät kann für seinen Halter eine ganz schöne Herausforderung darstellen. Seien Sie also vorgewarnt. In diesem Abschnitt erfahren Sie, welche körperlichen Veränderungen Ihr Welpe durchläuft und wie sie sich auf ihn auswirken. Wenn Sie sich innerlich auf die Veränderungen einstellen, die im Verhalten des Hundes auftreten, werden Sie besser damit umgehen können und besser darauf vorbereitet sein, wenn Ihr Hund sich plötzlich so anders gebärdet, als Sie ihn kennen. Denken Sie immer daran, dass die Pubertät nur eine vorübergehende Phase ist. Egal wie furchtbar es wird, auch Ihr Hund wird erwachsen und damit wieder ruhiger werden.

AUF UND DAVON
In der Pubertät beginnt der Hund, sich viel mehr für seine Umgebung und die Welt da draußen zu interessieren als für Sie und das Leben zu Hause.

Verhalten in der Pubertät

Wenn Sie nicht gut darauf vorbereitet sind, kann das sich plötzlich verändernde Verhalten des pubertierenden Welpen eine Herausforderung sein. Ein paar einfache Tipps erleichtern da das Leben.

Wann passiert was?

Wie der Mensch durchläuft auch der Welpe eine Phase der Pubertät, bevor er erwachsen wird. Beim Hund beginnt sie mit etwa fünf bis sechs Monaten – bei kleineren Hunden meist etwas früher als bei größeren. Nun beginnen Hormone im Stoffwechsel des Welpen zu zirkulieren, die seinen Körper innerhalb der nächsten sechs Monate *(S. 130–131)* zu dem eines ausgewachsenen Hundes heranreifen lassen. Mit 18 Monaten bis zwei Jahren erreicht der Hund dann auch soziale Reife, was bedeutet, dass er auch seine geistige Entwicklung zum Erwachsenen abgeschlossen hat.

Sinneswandel

Das teils drastisch veränderte Verhalten ihres Welpen empfinden viele Halter als negativ, da die Welt des Welpen nun beginnt, sich nicht mehr ausschließlich um sie zu drehen, und er sich immer mehr für seine Umwelt und andere Hunde interessiert. Aber genau wie für jugendliche Menschen können diese Veränderungen auch für den heranwachsenden Hund sehr verwirrend sein. Wenn Sie als Halter gut gewappnet sind, können Sie damit viel besser umgehen. Ein

◁ **Jung und verletzlich**
Vor der Pubertät sind Welpen auf unseren Schutz und unsere Fürsorge angewiesen, sind liebevoll und tun alles, um uns zu gefallen.

△ **Andere Interessen**
Während der Pubertät verändert sich der Welpe dramatisch. Er interessiert sich nicht mehr für seine Familie, will nicht gefallen und hört auf kein Kommando. Er will nur noch die Welt da draußen erkunden und erobern.

△ **Begehrte Leckerchen**
Trainieren Sie unbeirrt mit Ihrem Welpen weiter und nutzen Sie seine Lieblingsleckerchen, um ihm einen hohen Anreiz zu bieten. Nur für Lob und Zuneigung strengt er sich jetzt nicht mehr so an.

◁ **Sicherer Rettungsanker**
Solange der Welpe sich für alles außer für Sie interessiert, nutzen Sie eine lange Leine, damit er nicht verschwinden und Unheil anrichten kann. Passen Sie auf, dass er sich nicht verfängt.

junger Welpe ist noch klein, sehr verletzlich und könnte nie alleine überleben. Setzt die Pubertät ein, wird er unabhängiger und beginnt, seine Umwelt aktiv zu erkunden.

Der richtige Umgang

Es ist wichtig, dass Sie Ihren Welpen auch während der Pubertät unter Kontrolle halten. Sie bestimmen, was geschieht, sei es, wann er frisst oder wann es hinausgeht. So ist er gezwungen, sich weiterhin an Ihnen zu orientieren, um zu bekommen, was er will. Arbeiten Sie auch weiterhin an Ihrer Bindung, seien Sie aber nicht beleidigt, wenn Ihre Zuneigung nicht wirklich erwidert wird – vor allem, wenn der Hund abgelenkt ist. Sorgen Sie unbeirrt für viel Spaß und Freude und fordern Sie den Hund zum gemeinsamen Spiel auf. Vor allem draußen wird er sich mehr für anderes interessieren. Versuchen Sie es

dennoch mit kurzen Spieleinlagen und sorgen Sie für kurze und lustige Trainingseinheiten, bei denen Sie aber nicht zu viel erwarten dürfen. Haben Sie Ihren Welpen vor der Pubertät schon gut erzogen, wird er diese Phase gut überstehen. Aber hindurch muss er auf jeden Fall.

▷ **Seltene Momente**
Während der Pubertät braucht Ihr Welpe Sie zwar noch, wird aber seltener Ihre Nähe suchen. Wenn er erst einmal erwachsen ist, wird er sich wieder mehr für Sie interessieren.

»In der **Pubertät** interessiert sich der **Welpe** mehr für die große, weite **Welt**.«

Körperliche Veränderungen

Die Pubertät bringt starke körperliche Veränderungen, da die Welpen nun zur Geschlechtsreife heranwachsen. Als Halter sollten Sie bald entscheiden, ob Sie den Hund kastrieren lassen wollen oder nicht.

Zeitlicher Ablauf

Die Pubertät beginnt zwischen dem fünften und sechsten Monat. Hormone beginnen nun, den Körper für die Geschlechtsreife umzugestalten. Dies führt in den nächsten sechs Monaten zu starken körperlichen Veränderungen. Körperlich und geistig durchlaufen Hunde in dieser Zeit viele Turbulenzen.

Hündinnen werden zwischen dem sechsten und dem zwölften Monat zum ersten Mal läufig und sind dann für alle (nicht kastrierten) Rüden drei Wochen lang unwiderstehlich – auch wenn die Paarung meist um den zehnten Tag passiert.

Nicht kastrierte Hündinnen werden etwa alle sechs Monate läufig. Rüden sind schon mit etwa sechs Monaten geschlechtsreif. Bleiben sie unkastriert, entwickeln sie im ersten Lebensjahr unter anderem dickere Haut im Nacken und kräftigere Muskeln.

Kastration

Bei der Kastration werden die Fortpflanzungsorgane entfernt, die jene Hormone produzieren, die die körperlichen und geistigen Veränderungen hervorrufen.

Bei Hündinnen werden unter Narkose Eierstöcke und Gebär-

△ **Verändertes Verhalten**
Während der Pubertät kann es vorkommen, dass vor allem Hündinnen wieder unrein werden. Rüden beginnen, auf alles aufzureiten.

▽ **Geplanter Nachwuchs**
Züchten Sie nur mit sehr ausgeglichenen Hunden, die keine Verhaltensprobleme haben, und suchen Sie für Ihre Welpen liebevolle Halter.

mutter entfernt. Die Operation wird meist einige Monate nach der ersten Läufigkeit durchgeführt, während der Ruhephase der Fortpflanzungsorgane. Eine Kastration bringt mehrere Vorteile: Das Risiko einer Gebärmutterentzündung sinkt ebenso wie das Brustkrebsrisiko. Es kann nicht mehr zu Scheinträchtigkeiten kommen, der Läufigkeitsstress entfällt und Sie müssen nicht mehr alle sechs Monate aufpassen, dass ihr kein Rüde zu nahe kommt.

Beim Rüden werden unter Narkose beide Hoden entfernt. Das geschieht normalerweise mit etwa sieben Monaten. Dadurch wird die Testosteronproduktion unterbunden und der Rüde in seinem Verhalten ruhiger.

Über die möglichen Nachteile einer Kastration muss sich jeder Hundebesitzer aber auch im Klaren sein. Dazu gehören ein gesteigerter Appetit oder eine verlängerte Wachstumsphase. Und hormonell gesteuertes Verhalten lässt sich oft auch medikamentös beeinflussen.

> »**Bevor** Sie **züchten,** unterziehen Sie Ihren Hund einer **Gesundheitsprüfung.**«

Züchten

So schön es ist, Hundenachwuchs zu haben, so sehr sorgt man dadurch für noch mehr Hunde. Was passiert, wenn Sie kein Zuhause für die Welpen finden? So viele Hunde verbringen die meiste Zeit ihres Lebens im Tierheim, weil man sie einfach nicht vermitteln kann. Wenn Sie sich für die Zucht entscheiden, lassen Sie Ihren Hund zunächst auf Erbkrankheiten testen. Stellen Sie sicher, dass alle notwendigen Tests gemacht wurden. Suchen Sie den Partner für Ihren Hund immer sorgfältig aus.

▷ **Ausbruchsversuch**
Hündinnen versuchen, um den zehnten Tag der Läufigkeit, beim Eisprung, nach draußen zu kommen, um sich einen Rüden zu suchen. Dann müssen Sie ganz besonders auf sie achten.

5

Erziehung

Wie Welpen lernen

Grundkommandos

Lustige Tricks

Wie Welpen lernen

Finden Sie heraus, wie Ihr Welpe lernt, und Sie können sich und ihm viel Zeit und Mühe ersparen. Wenn Sie verstehen, wie seine Lernprozesse ablaufen, können Sie ihn viel besser erziehen. In diesem Abschnitt erfahren Sie, wie Welpen herausfinden, was wir von Ihnen wollen, was für sie eine Belohnung ist und wann Sie sie belohnen sollten. Zudem erfahren Sie etwas über die Verknüpfung von Handzeichen und Kommandos. Mit diesem Rüstzeug wird die Erziehung Ihres Welpen viel schneller und einfacher, die Kommunikation mit ihm erfolgreicher und ihre gegenseitige Bindung stärker.

ERFOLGREICH LERNEN
Je mehr Sie über Locken, Timing, Handzeichen und Belohnung wissen, desto besser können Sie Ihren Welpen etwas beibringen.

Versuch, Irrtum und Erfolg

Genau wie Kinder lernen Welpen anhand von Versuch, Irrtum und Erfolg. Als Halter müssen Sie ihn also zu einem gewünschten Verhalten verleiten, dass Sie belohnen und es mit einem Kommando verbinden.

Lernen

Tiere lernen genau wie wir Menschen, indem sie Verhalten austesten. Wird eine Handlung als lohnend empfunden, wird sie wiederholt, ist sie unergiebig, wird sie vielleicht wiederholt, aber nicht häufig, und hat sie ein unangenehmes Ergebnis, wird sie unterlassen.

Steckt Ihr Welpe seinen Kopf versuchsweise in einen Mülleimer und findet ein Bonbon oder ein Papier zum Spielen, wird er wahrscheinlich immer wieder Mülleimer durchwühlen – besonders wenn dies mehrfach klappt. Findet er aber auf mehreren Streifzügen einen leeren Mülleimer vor, wird er irgendwann nicht mehr nachsehen und als

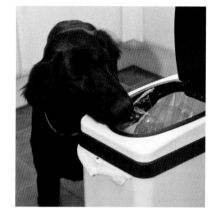

▷ **Gefundenes Fressen**
Ein leckerer Fund wird diesen Welpen dazu verleiten, wieder im Abfall zu stöbern. Findet er hier mehrfach etwas Fressbares, wird das Durchwühlen von Mülleimern zur festen Angewohnheit.

erwachsener Hund nicht einmal mehr auf den Gedanken kommen. Andererseits kann ein Welpe, der mit dem Kopf im Mülleimer stecken bleibt, solche Angst bekommen, dass er den Eimer, den Bereich um den Eimer oder sogar das Zimmer, in dem der Eimer steht, meidet. Welpen lernen also aus Erfahrung.

Positive Verstärkung

Die Fähigkeit des Welpen, aus Erfahrung zu lernen, können Sie für sich nutzen, indem Sie gewünschtes

Verhalten durch Belohnung fördern. Sie müssen ihn nur dazu verleiten, eine gewünschte Aktion auszuführen, und ihn dann dafür belohnen (siehe unten).

△ **Den Hund zu »Sitz!« verleiten**
Halten Sie die Belohnung – hier das Futter des Welpen – hoch über ihn. Da langes Hochschauen anstrengend ist, setzt er sich bald von alleine hin.

△ **Verhalten belohnen**
Belohnen Sie ihn, sobald er sich gesetzt hat. Das wird ihn beim nächsten Mal in dieser Situation dazu anregen, dasselbe Verhalten zu zeigen.

△ **Verknüpfung mit einem Handzeichen**
Nach vielen Wiederholungen reagiert der Welpe auch auf das Handzeichen, wenn seine Belohnung gar nicht in Sicht ist. Er vertraut Ihnen.

△ **Erziehung ist Familiensache**
Ermutigen Sie Ihre Kinder dazu, sich auch aktiv an der Erziehung des Welpen zu beteiligen, damit auch sie die Kommandos kennen und wissen, wie man ihn zu gewünschtem Verhalten ermuntert und welches Verhalten von ihm erwartet wird.

Das ist jedoch nicht so einfach, wie es klingt. Wir können dem Hund nicht einfach sagen, was wir von ihm wollen und was er richtig gemacht hat. Also müssen wir diese Kommunikationshürde mit anderen Methoden überwinden und ihn immer im richtigen Augenblock belohnen, damit er versteht, dass er etwas richtig gemacht hat.

Es gibt verschiedene Möglichkeiten, den Welpen zu einer Handlung zu verleiten. Am wirksamsten ist es, ihn mit einem Leckerchen langsam in die gewünschte Position zu locken. Soll der Welpe beispielsweise sitzen, hält man ein Leckerchen über seinen Kopf. Er wird sich automatisch hinsetzen, um heranzukommen *(S. 148–149)*. Indem man dem Welpen ein begehrtes Leckerchen zeigt und dann weggeht, kann man z. B. das Kommando »Hier« *(S. 150–151)* oder auch die Leinenführigkeit *(S. 158–159)* trainieren.

Das Timing ist dabei sehr wichtig. Soll der Welpe verstehen, dass er etwas richtig gemacht hat, muss die Belohnung sofort folgen *(S. 140–141)*. Je besser Ihr Timing, desto schneller lernt er. Hat der Welpe eine Handlung mehrfach richtig gezeigt, können Sie sie mit einem Handzeichen oder Kommando verbinden *(S. 142–143)*, an verschiedenen Orten und in ablenkender Umgebung üben *(S. 144–145)*.

»Locken ist eine wirksame **Erziehungsmethode.** Mit einem Leckerchen lockt man den **Welpen** in die **gewünschte Position.«**

Belohnung

Belohnung ist die Basis jeder Erziehung mit positiver Verstärkung. Sie motiviert den Welpen, das zu tun, was Sie von ihm wollen. Außerdem ist sie seine sofortige Bestätigung, dass er es richtig gemacht hat.

Womit belohnen?

Als Belohnung kann alles fungieren, was der Welpe mag oder haben möchte. Das kann ein besonders begehrtes Futter, ein geliebtes Spiel oder eine Schmuseeinheit sein, oder ebenso gut ein neues spannendes Spielzeug, das Sie ihm schenken, oder ein Spaziergang. Wichtig ist nur, dass der Welpe es in dem Moment erstrebenswert findet. Viele Halter nutzen Leckerchen, weil Welpen fast immer hungrig sind.

Lob

Da Welpen noch stark vom Menschen abhängig sind, arbeiten sie auch für Lob und Zuneigung. Da sie aber ständig Zuneigung erhalten, werden sie sich dafür allein nicht so start anstrengen. Es ist aber sinnvoll, Lob bei

neuen Übungen als Verstärkung zu nutzen. Bekommt der Welpe überschwängliches und aufrichtiges Lob, wenn er eine Aufgabe richtig gelöst hat, wird er sich beim nächsten Mal umso mehr bemühen.

Leckerchen

Damit Leckerchen ihre Wirkung zeigen, müssen Sie für den Welpen wirklich lecker sein und gut riechen. Sie sollten außerdem die richtige Größe haben und müssen für ihn von genauso viel Wert sein wie die Arbeit, die er dafür erbringen muss. Haselnussgröße Stücke reichen

△ Kleine Happen
Die Leckerchen sollten nicht zu große sein. Für mittelgroße Welpen ist Haselnussgröße genau richtig. Passen Sie die Größe der Leckerchen der Größe Ihres Welpen an.

völlig aus, da der Welpe bei größeren Happen zu schnell satt ist, sich für zu kleine Leckerchen aber nicht wirklich ins Zeug legen wird.

Finden Sie heraus, welche Leckerchen Ihr Hund am liebsten mag, und erstellen Sie anhand seiner Vorlieben eine Leckerchen-Rangliste. Nutzen Sie die wertvollsten Leckerchen bei sehr schwierigen Aufgaben. Dazu gehören z.B. das Üben eines neuen Kommandos oder Situationen, in denen er gehorcht, obwohl er gerade etwas ganz anderes tun möchte, wie etwa mit anderen Hunden spielen.

◁ Liebevolle Bestätigung
Seien Sie immer sanft, wenn Sie Ihren Welpen loben. Berührungen des Kopfes können Welpen beunruhigen oder irritieren. Streicheln Sie ihn lieber sanft am Körper.

Lecker und duftend

Welpen strengen sich am meisten für duftende, weiche Leckerchen mit hohem Fleischanteil an. Hundekekse sind hingegen nur bei Welpen beliebt, die in ihrer Fressensauswahl völlig wahllos sind. Testen Sie aus, was Ihr Welpe am allerliebsten mag.

Käsewürfel

gekochtes Hühnerfleisch

Brühwurststücke

Hundewurst

kleine Leckerchen

feuchte Leckerchen

Fleischstreifen

Leckerchen mittleren Werts eignen sich für Übungen, die Ihr Welpe bereits kennt, aber noch trainieren muss. Mit einfachen Leckerchen belohnen Sie, wenn er brav ist und z.B. sitzt und wartet, bis Sie die Tür öffnen. Wenn sich seine Vorlieben ändern, was häufiger vorkommen kann, müssen Sie Ihre Liste entsprechend anpassen.

Um sich für seine Leckerchen anzustrengen, sollte der Welpe Appetit haben, aber nicht hungrig sein. Kann er sich vor lauter Hunger nicht konzentrieren, kann er nicht verstehen, was Sie möchten. Geben Sie ihm in diesem Fall erst eine kleine Portion Futter und gönnen ihm Ruhe, bevor Sie erneut üben.

▷ Spielzeug als Belohnung

Spielzeuge eignen sich erst als Belohnung, wenn der Welpe gelernt hat, mit Ihnen zu spielen. Bis er ein begeisterter Spielzeugfan geworden ist, sollten Sie weiterhin auf Leckerchen als Belohnung setzen.

▽ Latentes Lernen

Welpen lernen scheinbar im Schlaf. Wiederholen sie eine Übung nach einem Schläfchen, machen sie sie oft schon beim ersten Mal richtig. Bisher ist ungeklärt, warum das so ist, aber wenn Sie den Welpen häufig ruhen lassen, lernt er schneller.

»Nicht alle **Leckerchen** sind gleich **beliebt**. Finden Sie also heraus, was Ihr **Welpe am liebsten** mag.«

Das richtige Timing

Wenn Ihr Timing stimmt, lernt Ihr Welpe schneller. Erfolgt die Belohnung, sobald er die gewünschte Aktion zeigt, weiß der Welpe, dass er etwas richtig gemacht hat, und wird die Aktion gerne wiederholen.

Gutes Timing

Belohnen Sie Ihren Welpen immer in dem Moment, in dem er das tut, was Sie wünschen. So versteht er in Zukunft schneller, was Sie von ihm wollen. Sie bestätigen ihm damit, dass er richtig gehandelt hat. Je schneller Sie die Bewohnung erfolgen lassen, desto schneller lernt er.

Abgestufte Belohnung

Hat Ihr Welpe Schwierigkeiten, eine komplizierte Übung, wie etwa »Platz!« *(S. 152–153)*, zu verstehen, können Sie ihm helfen, indem Sie anfangs schon eine Bewegung in die richtige Richtung belohnen. Mit dieser Methode, die »Shaping« genannt wird, wird der Welpe ermuntert, es weiter zu versuchen, denn Welpen geben ohne ein Erfolgserlebnis sehr schnell auf. Bei dieser Methode belohnen Sie den Welpen beim ers-

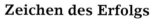

▷ Locken
Hunde folgen immer ihrer Nase. Daher können wir Welpen relativ einfach in eine Position locken, die sich dann mit einem Handzeichen verknüpfen lässt.

ten Mal dafür, dass er hinunterschaut, dann dafür, dass er sich ein wenig flacher macht. Nach und nach wird er begreifen, dass er sich hinlegen soll, und sich irgendwann zu Boden sinken lassen. Belohnung ist schlicht eine Form der Kommunikation. Sie sagt dem Welpen, dass es sich lohnt, eine Handlung zu wiederholen. Hat er eine Handlung erlernt und haben Sie sie mit einem Handzeichen verknüpft *(S.142–143)*, ist für ihn dann ganz eindeutig

◁ Shaping
Dieser Welpe soll in der Kiste nach einem versteckten Spielzeug suchen *(S. 180–181)*. Indem sein Herrchen ihn für jeden Schritt, den er näher herangeht, belohnt, motiviert er den Welpen.

▽ Target-Training
Mit Geduld kann auch Ihr Hund lernen, ein Target (Ziel) zu berühren – hier die Hand. Beherrscht er das, können Sie ihm Dinge beibringen, die er normalerweise nicht tut, wie etwa Türen schließen.

erkennbar, welche Handlung Sie gerade von ihm wünschen.

Zeichen des Erfolgs

Sie können die Belohnung verstärken, indem Sie nicht nur Leckerchen geben, sondern auch loben. Ein Wort wie »Fein!« eignet sich gut, solange Sie es nicht in anderem Zusammenhang verwenden. Wenn Sie es immer sagen, sobald der Welpe etwas richtig macht, erkennt er es bald als Zeichen für Erfolg.

Sobald der Welpe das Handzeichen zu einer Übung gelernt hat und versteht, was von ihm erwartet wird, müssen Sie ihn nicht mehr jedes Mal mit einem Leckerchen belohnen. Das Lob »Fein!« reicht dann auch aus. Auf diesem Prinzip basiert auch Clickertraining, bei dem ein »Klick« die Belohnung ersetzt.

Der Vorteil des gesprochenen Lobs ist, dass es immer verfügbar ist. Es ist allerdings wichtig, dieses

»Der Vorteil von **Lob durch Wörter** ist, dass es **immer verfügbar** ist. Verwenden Sie daher immer **dieselben Wörter**.«

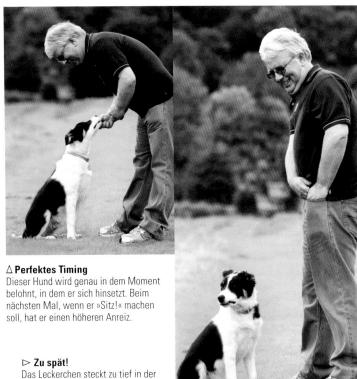

△ **Perfektes Timing**
Dieser Hund wird genau in dem Moment belohnt, in dem er sich hinsetzt. Beim nächsten Mal, wenn er »Sitz!« machen soll, hat er einen höheren Anreiz.

▷ **Zu spät!**
Das Leckerchen steckt zu tief in der Tasche. Es sind schon Sekunden seit dem richtigen Verhalten verstrichen und der Welpe ist längst mit etwas anderem beschäftigt.

Stimmsignal immer gleich einzusetzen, also dasselbe Lobwort mit derselben Begeisterung auszusprechen, damit der Welpe es erkennt. Mit der Zeit können Sie dann das Lobwort als Brücke

◁ **Soziales Verhalten**
Welpen lernen nicht durch bloße Nachahmung, sondern weil etwas besonders spannend ist. Springt ein Hund bellend hoch und ein zweiter tut dies auch, reagiert dieser nur auf die Aufregung.

zwischen Handlung und Leckerchen einsetzen. Das erleichtert das Timing, denn Sie müssen nach einer gut ausgeführten Übung nicht mehr jedes Mal mit dem Leckerchen zu Ihrem Hund, um ihn zu belohnen. Das Lobwort sagt ihm ja, dass er zum richtigen Zeitpunkt das Richtige getan hat. So hat er auch, ohne jedes Mal etwas zu Fressen zu bekommen, ein Erfolgserlebnis. Ab diesem Zeitpunkt genügen sporadische Leckerchen *(S. 145)*.

Eindeutige Signale

Wenn Sie eine Aktion mit einem Signal verknüpfen, weiß Ihr Welpe genau, was Sie von ihm wollen. Handzeichen sind für Hunde dabei einfacher zu lernen als gesprochene Kommandos.

Auf Kommando

Sobald Ihr Welpe eine Handlung beherrscht *(S. 136–137)*, können Sie diese Aktion mit einem Signal verknüpfen. Dafür muss er lernen, dass das Signal – entweder ein Handzeichen oder ein Kommando – und die Aktion zusammengehören. Da Sie es ihm nicht erklären können, ist das etwas schwierig.

Um ihm verstehen zu helfen, was das Signal bedeutet, üben Sie zunächst mehrfach die Aktion – wie etwa »Sitz!«. Halten Sie folgende Abfolge immer ein: Locken *(S. 137)*, Aktion (Welpe sitzt), Belohnung und Lob. Sobald der Welpe die Aktion jedes Mal richtig ausführt, wechseln Sie die Abfolge zu: Signal, Locken, Aktion, Belohnung und Lob.

Trainieren Sie die neue Abfolge über mehrere Trainingseinheiten, bis sie für Sie beide automatisch ist. Damit das Signal für den Welpen wirklich eindeutig ist, muss es immer gleich sein und immer direkt vor dem Beginn der Aktion erfolgen.

Dann verändern Sie langsam die Abfolge zu: Signal, Pause, Locken, Aktion, Belohnung und Lob. Die Pause von ein paar Sekunden gibt Ihrem Welpen Zeit nachzudenken. Er wird versuchen zu ergründen, was Sie von ihm wollen. Lassen Sie ihm Zeit. Ist er nach ein paar Sekunden noch nicht darauf gekommen, helfen Sie ihm durch

◁ **Eindeutiges Signal**
Führen Sie das Handzeichen zunächst überdeutlich aus, damit der Welpe es klar und ohne Verwechslungsgefahr erkennen kann.

▽ **Sofortige Belohnung**
Belohnen Sie immer direkt, wenn der Hund die Aktion ausgeführt hat, wie hier »Platz!«. Mit der Zeit können Sie die Bewegung dann immer kleiner gestalten.

Locken. Zeigt er die Aktion, ohne dass Sie locken müssen, belohnen und loben Sie ihn enthusiastisch. Üben Sie die Aktion noch einmal und beenden Sie das Training. Mit der Zeit können Sie das Locken weglassen.

Lernkurve

Lassen Sie sich nicht entmutigen, wenn Ihr Welpe zwischenzeitlich Rückschritte zu machen scheint oder anscheinend plötzlich alles vergessen hat. Das ist ganz normal. Bleiben Sie ruhig und zeigen Sie es ihm noch einmal. Denken Sie daran, dass Lernen für einen kleinen Hund sehr ermüdend sein kann. Sorgen Sie also für viele Ruhephasen zwischen den Trainingseinheiten.

Hand- oder Stimmsignal?

Aufgrund der Funktionsweise ihres Gehirns *(S. 66–67)* können Hunde Handsignale besser verstehen als gesprochene Kommandos. Nutzen Sie anfangs bei neuen Übungen also am besten zunächst ein Handzeichen statt eines Kommandos.

Regiert Ihr Hund verlässlich auf das Handzeichen und muss nicht mehr gelockt werden, können Sie das Kommando in den Ablauf einbauen. Sprechen Sie es ganz normal aus. Es gibt keinen Grund zu schreien. Der Ablauf sieht dann so aus: Kommando, Handzeichen, Aktion, Belohnung und Lob. Sobald der Hund verlässlich auf das Kommando reagiert, können Sie dann auch das Handzeichen weglassen.

> »Sprechen Sie Kommandos **normal,** es gibt **keinen Grund zu schreien.**«

Handzeichen

Der Schlüssel zum Erfolg liegt in der Wiederholung. Je öfter Ihr Hund ein eindeutiges Signal bekommt, bevor Sie ihn in Position locken, desto schneller reagiert er. Üben Sie das Handzeichen vorher, um den Hund nicht zu verwirren.

»Sitz!«
Die Hand wird flach von unten nach oben geführt. Beginnen Sie mit einer übertriebenen Bewegung vom Oberschenkel bis zur Schulter. Die Handfläche zeigt dabei nach oben. Kennt der Hund die Bewegung, kann man sie langsam kleiner gestalten.
>> S. 148–149

»Hier!«
Das Signal für »Hier!« ist das Ausbreiten der Arme, um den Hund freudig in Empfang zu nehmen. Die Bewegung beginnt mit den Armen an der Seite des Körpers. Begeben Sie sich anfangs für das Signal in die Hocke, legen die Hände vor dem Körper zusammen und breiten Sie sie dann weit aus.
>> S. 150–151

»Warte!«
Die Hand wird flach gehalten, langsam in Richtung Gesicht des Hundes herab geführt und dann in Position gehalten. Der Hund sollte Sie aber an der Hand vorbei ansehen können, da er sich sonst bewegen wird, um Blickkontakt zu bekommen.
>> S. 154–155

»Platz!«
Die flache Hand wird abwärts geführt. Beginnen Sie mit einer übertriebenen Bewegung von der Schulter hinab zum Oberschenkel. Die Handfläche zeigt nach unten. Kennt der Hund die Bewegung, kann man sie langsam kleiner gestalten.
>> S. 152–153

»Bei Fuß!«
Als Handsignal legt man die Hand auf die Hüfte. Da Bewegungen deutlicher sind, können Sie anfangs auf die Hüfte klopfen, damit der Hund näher kommt und schnüffelt. Dafür wird er belohnt. Mit etwas Übung müssen Sie die Hand nicht mehr bewegen.
>> S. 158–161

»Steh!«
Die Hand wird vor die Nase des Hundes gehalten und dann nach hinten geführt. Die Bewegung ähnelt dem Locken und wird daher meist schnell gelernt. Weiß der Hund, was er tun soll, kann die Bewegung verringert werden.
>> S. 156–157

Verknüpfungen

Damit ein Signal oder Kommando später immer funktioniert, müssen wir es mit dem Welpen an verschiedenen Orten, in verschiedenen Situationen und mit sich steigernden Ablenkungen üben.

Verknüpfungen

Wenn Sie mit Ihren Welpen arbeiten, beginnen Sie jede Trainingseinheit am selben Ort und nehmen immer dieselbe Stellung ein. Denn wenn Welpen etwas lernen, verknüpfen sie alle äußeren Umstände mit diesem Ereignis und nicht nur das Zeichen mit der Aktion, die Sie ihnen beibringen möchten. Diese Routine hilft dem Welpen. Ändern Sie das Szenario zu früh, verwirrt ihn das nur. Haben Sie mit ihm beispielsweise »Sitz!« im Wohnzimmer geübt und dabei gesessen,

wird er nicht verstehen, was Sie von ihm erwarten, wenn Sie auf dem Bürgersteig stehen und ihn »Sitz!« machen lassen wollen. Er ist nicht ungehorsam, das Signal sagt ihm in dieser Umgebung schlicht nichts.

Damit der Welpe ein Signal also sicher beherrschen kann, müssen Sie es an unterschiedlichen Orten und in verschiedener Haltung mit ihm üben. Üben Sie zunächst mehrfach an einem Ort, bis er das Signal versteht, bevor Sie den Ort wechseln. Wenn Sie die Übung dann in ganz verschiedenen Situationen wiederholen, wird der Welpe das Signal irgendwann fest mit der

Aktion verbinden, egal, wo er ist, und egal, ob Sie nun dabei stehen oder sitzen.

Lernen trotz Ablenkung

Sobald der Welpe ein Signal fest mit einer Aktion verbunden hat, kann das Alltagstraining beginnen. Suchen Sie zunächst einen ruhigen Ort mit wenig Ablenkungen. Beginnen Sie beispielsweise zu Hause, während jemand im Hintergrund mit einem Spielzeug spielt. Lenkt ihn das zu sehr ab, erhöhen Sie den Abstand oder reduzieren Sie das

△ **Erste Schritte**
Trainieren Sie neue Übungen immer an einem Ort ohne viele Ablenkungen, wie etwa im Wohnzimmer, damit der Welpe sich konzentrieren kann. Verteilen Sie das Training über mehrere Tage oder Wochen auf viele kleine Einheiten.

▷ **Verwirrung**
Erwarten Sie nicht, dass Ihr Hund ein bereits gelerntes Signal in einer neuen Umgebung sofort versteht, auch wenn er es auf Anhieb wiedererkennt, sobald Sie wieder in der gewohnten Umgebung üben.

△ **Noch einmal von vorne**
Beginnen Sie in jeder neuen Umgebung mit einer Übung wieder von vorne. Geben Sie das Signal und locken Sie den Hund, bis er versteht, was Sie von ihm wollen.

»Welpen verknüpfen nicht nur das **Zeichen** mit der **Aktion,** sondern **alle** äußeren **Umstände.**«

Spiel, bis er sich konzentrieren kann. Nutzen Sie begehrte Leckerchen *(S. 138)*, loben Sie ihn und lassen ihn anschließend mit dem Spielzeug spielen.

Erhöhen Sie die Anforderungen bis zu wirklich ablenkenden Situationen, wie in der Nähe spielende Kinder im Park. Üben Sie auch an Orten, wo der Welpe eigentlich viel lieber etwas ganz anderes tun würde – z.B. mit anderen Hunden spielen. Kann er sich nicht konzentrieren, kehren Sie zurück zu den Grundlagen, bis er wieder richtig reagiert.

Nicht jedes Mal

Reagiert der Welpe irgendwann verlässlich auf alle Signale, können Sie allmählich beginnen, nicht mehr jedes Mal ein Leckerchen zu geben. Belohnen Sie ihn zwischendurch nur noch durch Loben. Um dies auszugleichen, belohnen Sie ihn für eine sehr gute Ausführung mit einem »Jackpot«. Ein Jackpot ist eine Mischung seiner begehrtesten Leckerchen und ein beliebtes Spiel. Feiern Sie den Jackpot begeistert mit ihm, damit Ihr Hund merkt, dass ein solcher Hauptgewinn etwas ganz Besonderes ist.

▷ **Fortgeschrittenes Training**
Steigern Sie den Schwierigkeitsgrad, indem Sie in ablenkenden Umgebungen üben, wo Kinder spielen, Jogger laufen, Fahrräder fahren oder andere Hunde spielen.

△ **Zurück auf Anfang**
Jeglicher Erfolg beim Leinentraining kann in Gegenwart eines anderen Hundes dahin sein. Vor lauter Aufregung kann sich Ihr Hund nicht konzentrieren. Locken Sie ihn einfach geduldig, bis Sie seine Aufmerksamkeit haben.

▷ **Hauptgewinn**
Heben Sie »Jackpots«, eine Mischung aus den begehrtesten Leckerchen und einem Spiel, für ganz besondere Gelegenheiten auf. Ihr Welpe wird sich in der Hoffnung auf den Hauptgewinn ganz besonders anstrengen.

Grundkommandos

Wenn Ihr Welpe die Grundkommandos aus diesem Abschnitt beherrscht, hat er alle Voraussetzungen, zu einem umgänglichen und gut erzogenen Hund heranzuwachsen. Er wird in der Lage sein, eine Position einzunehmen, diese beizubehalten, zurückzukommen, zu bleiben, zu apportieren und problemlos bei Fuß zu gehen. Darauf aufbauend können Sie Kommandos trainieren, die Ihrem Hund im Notfall das Leben retten können, wie etwa Verfolgungen abzubrechen oder in der Entfernung »Sitz!« zu machen. Das positive Training verbessert Ihr Verhältnis zueinander, stärkt die Bindung zwischen Ihnen enorm, und ein wohlerzogener Hund ist überall willkommen.

SEHR AUFMERKSAM
Das Leben mit einem Hund, der durch Belohnung gelernt hat, auf Kommandos zu reagieren, ist einfacher und macht auch mehr Spaß.

»Sitz!«

Mit »Sitz!« lernt Ihr Welpe, eine Zeit lang still an einen Ort zu bleiben. So können Sie ihn auch bei Aufregung besser kontrollieren. Die meisten Welpen beherrschen diese Übung, da sie am häufigsten trainiert wird.

Locken Sie den Welpen, wie unten beschrieben, zunächst in die »Sitz!«-Position (Schritte 1 und 2) und führen Sie dann das Handzeichen ein (Schritt 3). Sobald er »Sitz!« zuverlässig ausführt, können Sie beginnen, an verschiedenen Orten zu üben. Trainieren Sie auch, das Kommando aus verschiedenen Körperhaltungen heraus zu geben. Stellen Sie sich beispielsweise neben ihn oder setzen Sie sich.

1 ◁
Dem Leckerchen folgen
Lassen Sie den Welpen am Leckerchen riechen und bewegen Sie es dann langsam nach oben und hinten, sodass er mit der Nase folgt. Lassen Sie ihn zwischendurch daran lecken, damit er interessiert bleibt.

> »Wenn er **zuverlässig »Sitz!«** macht, üben Sie es an **anderen Orten**.«

2 ▷
Po nach unten
Wenn er den Kopf weiter zurücknimmt, senkt der Welpe automatisch das Hinterteil ab, da die Haltung so bequemer für ihn ist. Sobald sein Hinterteil den Boden berührt, geben Sie ihm das Leckerchen und loben ihn. Wiederholen Sie Schritte 1 und 2 mehrfach, bis er sich einfach in die Sitzposition locken lässt, bevor Sie das Handzeichen einführen.

3 ◁

Handzeichen einführen

Geben Sie dem Welpen ein klares Handzeichen (S. 143), warten Sie einen Moment, locken Sie ihn in die Sitzposition und belohnen Sie ihn. Nach mehrmaligem Üben wird er sich setzen, bevor Sie mit dem Leckerchen locken. Belohnen Sie ihn dafür ausgiebig.

4 ◁

Draußen üben

Üben Sie mit dem Welpen häufig und intensiv an verschiedenen Orten, mit Ablenkungen rundherum und in verschiedenen Positionen. Schließlich wird er verlässlich auf »Sitz!« reagieren. Das ist später vor allem am Straßenrand wichtig.

PRAXISTIPP

Wenn Sie das Kommando einführen, sagen Sie nicht »Sitz hier!«, denn damit geben Sie dem Welpen zwei verschiedene Anweisungen, »Sitz!« und »Hier!«.

Drücken Sie ihn nicht in Sitzposition, es könnte seine in der Entwicklung befindlichen Gelenke und Knochen verletzen.

Wenn der Welpe »Sitz!« beherrscht, trainieren Sie auch, wenn er nicht völlig entspannt ist. Steigern Sie sich von leichter zu starker Aufregung.

Praktische Übung
Lernt Ihr Welpe, auch bei Aufregung ruhig neben Ihnen sitzen zu bleiben, kann er auch Besucher an der Tür mit begrüßen.

Leckerchen zu hoch
Halten Sie das Leckerchen zu hoch, verleiten Sie den Welpen zum Springen. Halten Sie es vor seine Nase, bevor Sie es nach hinten führen.

»Hier!«

Kommt der Welpe zuverlässig auf Zuruf zu Ihnen, können Sie ihn bald auch im Freien von der Leine lassen. Dies lässt ihm mehr Freiraum und er kann sich besser bewegen und verausgaben.

Trainieren Sie zunächst zu Hause, den Welpen zu sich zu rufen. Sobald er zuverlässig kommt, auch wenn er Sie nicht sehen kann, können Sie an verschiedenen Orten üben. Vor Einsetzen der Pubertät ist er viel mehr bestrebt, Ihrem Ruf zu folgen. Üben Sie also an vielen verschiedenen sicheren Orten. Nutzen Sie in rundum offenem Gelände zur Sicherheit eine lange Trainingsleine.

1 △
Das Leckerchen zeigen
Bitten Sie jemanden, den Welpen am Halsband zu halten. Halten Sie ihm ein Leckerchen vor die Nase und bewegen Sie sich ein paar Schritte rückwärts, aber nicht weiter als zwei Meter. Hocken Sie sich hin, sodass Sie auf einer Höhe mit dem Welpen sind.

2 ▷
Den Welpen rufen
Ist der Welpe aufmerksam und will zu Ihnen, rufen Sie »Hier!«. Bitten Sie Ihren Helfer, ihn dann sofort loszulassen. Breiten Sie zusätzlich die Arme aus, um ihn zu ermutigen, zu Ihnen zu kommen.

»Vor der **Pubertät** wird der Welpe Ihrem Ruf eher **freudig folgen,** da er noch zu **unsicher** ist, Sie zu **verlassen.**«

3 △▷
Ermuntern und belohnen
Läuft der Welpe auf Sie zu, ermuntern Sie ihn mit der Stimme und halten Sie die Arme ausgebreitet. Locken Sie weiterhin mit dem Leckerchen. Sobald er ankommt, belohnen und loben Sie ihn und halten ihn am Halsband (ziehen Sie ihn nicht daran zu sich).

4 △
Neue Perspektiven
Sobald der Welpe zuverlässig auf »Hier!« reagiert, rufen Sie ihn auch, ohne dass er festgehalten wird und wenn er Sie nicht sehen kann. Üben Sie »Hier!« an verschiedenen Orten. Trainieren Sie im Freien zunächst nur an sicheren Orten abseits des Verkehrs und belohnen Sie ihn mit sehr begehrten Leckerchen, wenn er reagiert.

PRAXISTIPP

Üben Sie »Hier!« an verschiedenen Orten, bis Ihr Welpe verlässlich reagiert, und erhöhen Sie dann die Ablenkung. Rufen Sie anfangs nur, wenn er wahrscheinlich gehorcht. Belohnen Sie schwierige Aufgaben, wie vom Spielen zurückgerufen werden, immer mit tollen Leckerchen.

Ist Ihr Welpe scheu, erleichtern Sie ihm die Aufgabe, indem Sie sich zur Seite drehen und ihn nicht direkt ansehen.

Später können Sie mit Spielen belohnen. Nutzen Sie aber Leckerchen, bis der Welpe gelernt hat, mit Ihnen zu spielen.

Am besten üben Sie, den Welpen von der Leine zu lassen, wenn er noch sehr jung und zu ängstlich ist wegzulaufen. Bauen Sie seine Abrufbarkeit langsam aus, bis er auch in sehr spannenden oder erregten Situationen verlässlich auf »Hier!« reagiert. Wenn Sie ihn noch nicht sicher von der Leine lassen können, nutzen Sie eine Trainingsleine. Achten Sie aber darauf, dass er sich nicht verfängt.

Ablenkungen ignorieren
Üben Sie, bis der Welpe sofort auf Zuruf gehorcht, egal was gerade in seiner Umgebung passiert – selbst wenn ganz in seiner Nähe andere Hunde spielen.

»Platz!«

Das Kommando »Platz!« ist wichtig, damit Ihr Welpe lernt, sich ruhig hinzulegen. Es trainiert zudem seine Selbstbeherrschung, da er lernt, auch bei Aufregung liegen zu bleiben, obwohl er aufspringen möchte.

Locken Sie den Welpen anfangs, wie in Schritt 1–3 beschrieben, ins »Platz!«. Haben Sie Geduld, denn dies ist keine ganz einfache Übung. Sobald er »Platz!« verstanden hat, können Sie ein Hand-zeichen *(S. 143)* einführen. Üben Sie anschließend »Platz!« an verschiedenen Orten und mit Ablenkungen. Üben Sie weiter, bis Ihr Welpe sich zuverlässig in jeder Situation hinlegt, wenn Sie »Platz!« sagen.

1 ◁

Nach unten locken
Lassen Sie den Welpen zuerst »Sitz!« machen (S. 148–149). Halten Sie ihm dann ein Leckerchen vor die Nase und locken Sie ihn nach unten. Lassen Sie ihn lecken und knabbern, damit er interessiert bleibt. Halten Sie es aber fest, damit er es nicht auf einmal auffrisst.

»Haben Sie **Geduld**, wenn Sie Ihrem Welpen das **Kommando »Platz!«** beibringen.«

2 ▷

Weiter nach unten
Führen Sie den Welpen mit dem Leckerchen langsam immer näher zum Boden. Lassen Sie ihn während der Übung weiter daran lecken oder knabbern, damit er nicht die Lust verliert. Richtet er sich auf, lassen Sie ihn wieder »Sitz!« machen und beginnen von vorne.

3. ▽
Ellenbogen am Boden

Achten Sie auf seine Ellenbogen. Sobald beide den Boden berühren, geben Sie ihm den Rest des Leckerchens und loben ihn begeistert. Es kann lange dauern, bis »Platz!« zum ersten Mal funktioniert, aber danach geht es immer schneller.

4. ▷
Handzeichen

Legt der Welpe sich nach einigem Training hin, sobald Sie ihn locken, können Sie ein Handzeichen einführen. Wenn er aufmerksam ist, geben Sie das Handzeichen, warten kurz und locken ihn dann wie zuvor in die »Platz!«-Position.

PRAXISTIPP

Sobald der Welpe verlässlich auf »Platz!« reagiert, sollte er lernen, sich entspannt abzulegen. Geben Sie ihm anfangs eine weiche Unterlage und leinen Sie ihn an, damit er nicht abhauen kann. Lassen Sie ihn »Platz!« machen und geben Sie ihm zur Belohnung einen Kauknochen. Lehnen Sie sich zurück und lesen Sie etwas oder schauen Sie fern, während er sich entspannt. Steht er auf, lassen Sie ihn wieder »Platz!« machen und loben ihn, wenn er reagiert. Sobald er gelernt hat, sich ruhig abzulegen, üben Sie z. B., wenn Sie Besuch haben.

Leg dich hin!
Üben Sie mit Freunden, damit der Welpe lernt, sich auch bei Besuch ruhig abzulegen, oder gehen Sie zum Üben z. B. zu Ihren Nachbarn.

»Warte!«

Mit »Warte!« können Sie Ihrem Hund beibringen, ruhig zu bleiben, wenn Sie kurz etwas anderes tun müssen, wie etwa die Tür öffnen.

Üben Sie dieses Kommando zunächst, wenn Ihr Welpe müde ist. Das erleichtert es ihm, ruhig zu bleiben. Bleiben Sie anfangs einfach eine Zeit lang ruhig stehen, bis er bei »Warte!« sicher sitzen bleibt. Danach können Sie üben, ihn warten zu lassen, während Sie umhergehen oder andere Dinge tun.

»Feiner Hund!«

1 ▷

Kurz sitzen bleiben
Ihr Welpe muss »Sitz!« (S. 148–149) sicher beherrschen. Lassen Sie ihn an einem ruhigen Ort »Sitz!« machen, geben Sie dann das »Warte!«-Handsignal und bleiben Sie ein paar Sekunden ruhig stehen.

»Warte!«

2 △

Belohnen
Belohnen Sie den Hund am Platz. Er soll nicht aufstehen. Erhöhen Sie langsam die Zeit zwischen Zeichen und Belohnung. Steht er auf, geben Sie das Handzeichen erneut und warten kürzer.

PRAXISTIPP

Sobald Ihr Welpe »Warte!« beherrscht und sitzen bleibt, wo immer Sie sich im Raum hinbegeben, können Sie das Kommando auch an anderen Orten üben, wie etwa im Garten oder Park. Beginnen Sie zunächst an einem ruhigen Ort und steigern Sie den Ablenkungsgrad langsam.

Wartet der Welpe auch an Orten mit vielen Ablenkungen verlässlich, können Sie das Kommando auch in Situationen üben, in denen er etwas anderes tun möchte, wie etwa mit Ihnen gemeinsam durch die Tür zu gehen. Bleiben Sie ruhig, denn dies ist anfangs schwer für ihn. Sobald er gelernt hat zu warten, bis Sie durch die Tür gegangen sind, können Sie auch in spannenderen Situationen üben. Mit der Zeit wird Ihr Welpe dann sogar ruhig zu warten lernen, wenn er sehr aufgeregt ist. Selbst wenn Besuch kommt, kann er sich dann beherrschen. Es ist sehr angenehm, wenn der Hund ruhig wartet, während Sie die Wohnungstür öffnen.

Geduldsprobe
Dieser Welpe wartet geduldig auf seine Belohnung, obwohl er viel lieber aufspringen und sein Frauchen begeistert begrüßen würde.

3.
▽

Den Abstand erhöhen

Wenn der Welpe nach mehrfachem Üben bis zu zwei Minuten ruhig warten gelernt hat, beginnen Sie langsam, einen Schritt wegzugehen. Belohnen Sie ihn aber dort, wo er sitzt. Bauen Sie den Abstand zu ihm mit der Zeit langsam aus.

4.
△

Umherwandern

Hat der Welpe sich daran gewöhnt, dass Sie ein wenig von ihm weggehen, bewegen Sie sich nun auch in kleinen Schritten zur Seite, bevor Sie ihm die Belohnung bringen. Wenn Sie hinter ihn treten, steht er wahrscheinlich auf. Beginnen Sie dann von vorn.

»Sobald Ihr Welpe das Kommando **»Warte!«** **beherrscht, üben** Sie auch im **Park** mit ihm.«

»Steh!«

Wenn Sie Ihren Welpen später ausstellen möchten, muss er »Steh!« beherrschen. Das Kommando ist aber auch nützlich, wenn der Hund gebürstet, abgetrocknet oder beim Tierarzt untersucht werden muss.

»Steh!« ist ein hilfreiches Kommando, damit der Hund sich hinstellt, wenn Sie ihn bürsten oder er vom Arzt untersucht werden muss. Soll er später auf Hundeschauen gehen, muss er die Position beherrschen. Beginnen Sie dann schon früh mit dem Training und üben Sie »Steh!« ein wenig häufiger als »Sitz!«. Dann wird er diese Position immer einnehmen, wenn er sich ein Leckerchen verdienen will.

1 ◁

Im Sitzen beginnen
Lassen Sie den Welpen »Sitz!« machen. Halten Sie ihm ein Leckerchen hin und lassen Sie ihn daran lecken und knabbern. Dann ziehen sie es auf gleicher Höhe langsam von ihm weg, sodass er mit der Nase nach vorne folgt.

2 ▷

Vorwärts locken
Lochen Sie ihn weiter vorwärts, bis er das Hinterteil leicht vom Boden hebt. Verlangsamen Sie die Bewegung, damit er das Hinterteil ganz anhebt, aber nicht vorwärts geht. Belohnen und loben Sie ihn.

> **»Üben** Sie ›**Steh!**‹, bis der Welpe das Kommando auch an stark **ablenkenden Orten** beherrscht.«

3 ▽

Handzeichen einführen

Wiederholen Sie die Schritte 1 und 2, stellen Sie sich aber diesmal aufrecht vor den Hund. Führt er »Steh!« auch zuverlässig aus, wenn Sie stehen, können Sie beginnen, ein Handzeichen einzuführen (S. 143), bevor Sie ihn in Position locken.

4 △

Neue Bedingungen

Reagiert der Welpe sicher auf Ihr Handzeichen, beginnen Sie wieder mit Schritt 1, locken ihn nun aber im Sitzen in die »Steh!«-Position. Versteht er auch dies, können Sie an ablenkenderen Orten üben.

PRAXISTIPP

Beginnen Sie das Training an einem ruhigen Ort ohne Ablenkungen und zu einem Zeitpunkt, wenn Ihr Welpe nicht gerade müde ist. Bauen Sie das Erlernte langsam aus, indem Sie an Orten üben, an denen er nach und nach stärker abgelenkt wird. Später, wenn er das Kommando kennt und sicher darauf reagiert, beginnen Sie auch in Situationen zu üben, in denen er ein wenig unsicher ist, ob Stehenbleiben eine gute Idee ist. Zeigen Sie ihm sanft, dass ihm nichts passieren kann.

Auch für Halter, die ihren Hund nie ausstellen möchten, ist dieses Kommando alles andere als überflüssig. Es erleichtert Ihnen beispielsweise die Fellpflege und auch den Besuch beim Tierarzt.

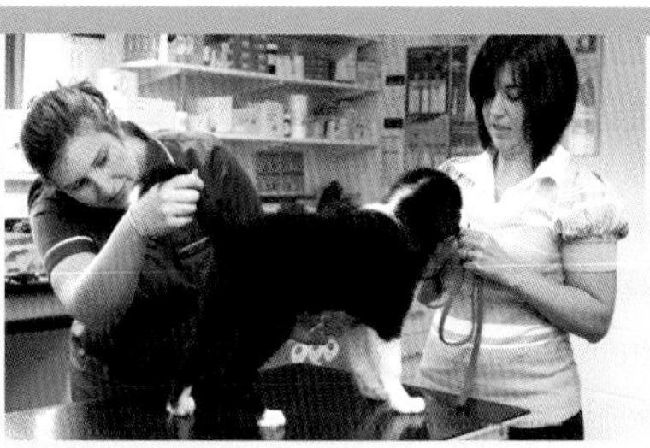

Kontrollbesuch beim Tierarzt
In einer angespannten Situation, wie etwa beim Tierarzt, in der der Hund lieber die sichere Sitzposition einnimmt, ist »Steh!« sehr hilfreich.

»Fuß!«

Mit einem Welpen, der gelernt hat, ohne zu ziehen an der locker hängenden Leine zu laufen, und sich bemüht, sie immer locker zu halten, werden Spaziergänge später viel angenehmer und entspannter ablaufen.

Diese Lektion ist sowohl für Ihren Welpen als auch für Sie nicht ganz einfach. Sie müssen also Geduld aufbringen, bis Sie beide den richtigen Ablauf beherrschen. Beginnen Sie damit, dem Welpen beizubringen, dass er belohnt wird, wenn er auf einer Seite direkt neben Ihrem Bein läuft. Wenn er dies verstanden hat, können Sie üben, die Leine beim Spazierengehen nie straff zu ziehen *(S. 160–161)*.

1 △

In Position locken
Nehmen Sie die Leine in die rechte Hand und ein Leckerchen in die linke. Locken Sie den Welpen im großen Bogen, bis er neben Ihrem Bein steht. Dann belohnen Sie ihn mit dem Leckerchen.

2 ▷

Immer schön aufpassen
Damit der Welpe aufmerksam bleibt, halten Sie ihm ein weiteres Leckerchen vor die Nase. Im Moment ist egal, ob er steht oder sitzt. Sprechen Sie ihn zur Not mit Namen an, damit er Sie ansieht. Dann machen Sie das Handzeichen für »Fuß!« (S. 143) und gehen los.

$3.$ ▽

Sofort belohnen

Machen Sie anfangs nur einen Schritt nach vorne. Geht der Welpe mit, belohnen Sie ihn sofort mit dem Leckerchen und loben ihn begeistert. So weiß er, dass er an der richtigen Position ist und genau das Richtige getan hat, indem er Ihnen gefolgt ist.

$4.$ ▷

Weitere Schritte machen

Erhöhen Sie langsam die Anzahl der Schritte, bevor Sie den Welpen belohnen. Beginnen Sie aber jede Trainingseinheit mit dem einzelnen Schritt, damit er weiß, worum es geht. Mit der Zeit können Sie die Anzahl der Schritte immer schneller erhöhen.

PRAXISTIPP

Ziehen Sie den Welpen nicht mit der Leine in Position. Er muss Ihre Nähe als angenehm empfinden und bei Ihnen sein wollen, nicht dazu gezwungen werden. Betrachten Sie die Leine nur als Sicherheit, damit er nicht weglaufen kann. Üben Sie im sicheren Garten ohne Leine. Dann können Sie sich besser auf die Übung und den Hund konzentrieren.

Anfangs soll der Welpe bei der Übung nur lernen, dass er belohnt wird, wenn er neben Ihrem Bein läuft. Achten Sie auf Ihr Timing. Belohnen Sie den Welpen nur dafür, dass er brav neben Ihnen läuft, und nicht für Hochspringen. Üben Sie, bis er sich leicht mit dem Leckerchen in die Ausgangsposition locken lässt und dann in Erwartung der Belohnung brav neben Ihnen läuft, egal in welche Richtung Sie sich gerade bewegen.

Nicht belohnen
Wenn Sie das Leckerchen zu niedrig halten, wird der Hund versuchen, danach zu springen. Halten Sie es in diesem Fall ein wenig höher, außer Reichweite.

Leinenführigkeit

Sobald der Welpe gelernt hat, gerne auf einer Seite neben Ihnen zu laufen, können Sie ihm beibringen, nicht an der Leine zu ziehen und selbst aktiv dafür zu sorgen, dass sie immer schlaff durchhängt.

Sobald Ihr Welpe an verschiedenen Orten und auch unter Ablenkungen um ihn herum locker neben Ihnen läuft *(S. 158–159)*, können Sie ihm beibringen, die Leine nie straff zu ziehen. Trainieren Sie dies anfangs nur, wenn er sich bereits ausgetobt hat, und nicht etwa auf dem Weg in den Park. Üben sie konsequent weiter, bis er begreift, dass es sich nicht lohnt, wenn er an der Leine zieht.

1 ◁
Vorpreschen
Läuft Ihr Welpe auf dem Spaziergang vorweg, achten Sie auf die Leine und halten Sie sofort an, sobald sie sich strafft. Am besten halten Sie die Leine in der Mitte vor dem Körper – besonders wenn Ihr Welpe groß und stark ist.

2 △
Anhalten und warten
Halten Sie abrupt an, wenn die Leine sich strafft, damit der Welpe nicht weitergehen kann. Durch Ihr konsequentes Anhalten soll Ihr Welpe ja begreifen, dass er nicht mehr weiterkommt, sobald er die Leine straff zieht. Sie tun also genau das Gegenteil von dem, was er eigentlich erwartet.

3.
▽
Zurückholen

Locken Sie den Welpen mit einem Leckerchen wieder an Ihre Seite und belohnen Sie ihn, sobald er in Position ist. Dann gehen Sie weiter. Mit viel Übung wird der Welpe mit der Zeit lernen, dass es sich nicht lohnt, an der Leine ziehen.

4.
△
Wachsam bleiben

Halten Sie konsequent jedes Mal an, wenn Ihr Welpe zieht. Irgendwann versucht er selbst, die Leine nicht straff zu ziehen, damit er nicht anhalten muss. Ist dies erreicht, können Sie Ihre Hände hängen lassen.

PRAXISTIPP

Beginnen Sie mit dem »Fuß!«-Training am besten, sobald der Welpe an die Leine gewöhnt ist. Trainieren Sie bereits im Haus und im Garten, bevor Sie mit ihm im Park spazieren gehen. Mit dem Ziehen ist es wie mit allen schlechten Gewohnheiten: Gewöhnt der Welpe es sich erst gar nicht an, wird er es als Erwachsener auch nicht tun.

Gute Leinenführigkeit erfordert viel Zeit und Geduld. Doch wenn Sie sich die Mühe machen und schon mit dem jungen Welpen trainieren, werden Sie später mit einem erwachsenen Hund belohnt, der nicht zieht. Zudem ist es einfacher, junge Welpen zu trainieren, da sie langsamer laufen. Aber auch bei älteren Welpen funktioniert diese Methode, solange Sie geduldig immer wieder mit dem Tier üben.

Trainieren Sie auch die Leinenführigkeit erst nur an einem Ort, dann an mehreren Orten und schließlich in wechselnden Umgebungen, in denen der Hund immer mehr Ablenkungen ausgesetzt ist.

Entspannt gehen
Ein Spaziergang mit einem Hund, der nicht zieht, ist für Hund und Halter viel angenehmer.

Komm näher
Läuft Ihr Welpe in der Öffentlichkeit brav bei Fuß, kann er anderen nicht zwischen die Füße geraten und ist sicherer.

Apportieren

Apportieren ist die Grundlage für viele spannende Spiele mit dem Welpen. Zudem erlaubt es Ihnen, Ihren Hund später gründlich auszulasten, ohne dass Sie immer sein Spielzeug einsammeln müssen.

Beginnen Sie mit einfachen Apportierspielen mit seinem Lieblingsspielzeug. Üben Sie über mehrere Trainingseinheiten und achten Sie besonders auf Schritt 4, damit Ihr Welpe auch gerne zu Ihnen zurückkommt. Später können Sie mit anderen Dingen als Spielzeug trainieren, ihn herumliegende unbewegte Gegenstände einsammeln und in Ihre Hand legen lassen *(S. 166–167)*.

»Hol's!«

1.
▽

Spannung aufbauen
Animieren Sie Ihren Welpen zum Spielen, indem Sie das Spielzeug schnell hin und her bewegen. Zeigen Sie selbst Begeisterung, damit er auf jeden Fall mitmachen möchte.

2.
▷

Werfen
Werfen Sie das Spielzeug, sobald er hinsieht, flach oder im niedrigen Bogen ein paar Meter weit weg. Genießen Sie den Anblick, wenn er losläuft und sich darauf stürzt, sagen Sie aber nichts.

3 △
Komm zurück
Sobald der Welpe das Spielzeug ins Maul genommen hat, gehen oder laufen Sie vorsichtig ein paar Schritte rückwärts. Locken Sie ihn auch mit der Stimme zu sich und klopfen Sie dabei aufmunternd auf Ihre Schenkel.

4 ▷
Reiches Lob
Sobald Ihr Welpe zu Ihnen kommt, streicheln Sie ihn zart am Körper und loben Sie Ihn begeistert. Kommen Sie Kopf und Hals aber nicht nahe, sonst denkt er, Sie wollten Ihm das Spielzeug wegnehmen.

PRAXISTIPP

Hat der Welpe gelernt, für Streicheleinheiten und Lob mit dem Spielzeug zu Ihnen zu kommen, wird es ihm langweilig, es länger festzuhalten. Seine Kiefer entspannen sich und er lässt den Kopf sinken. Bieten Sie ihm dann mit einer Hand ein Leckerchen an und halten Sie die andere unter sein Maul, um das Spielzeug aufzufangen.

Apportiert er zuverlässig, können sie beginnen, ihm das Kommando »Hol's!« beizubringen. Geben Sie das Kommando kurz vor dem Werfen, damit er es mit dem Greifen der Beute in Verbindung bringt.

Üben Sie zu Hause, bis er das Spielzeug verlässlich bringt. Dann können Sie auch auf Spaziergängen üben. Trainieren Sie erst an ruhigen Orten und dann in Umgebungen mit mehr Ablenkung.

Das Spielzeug annehmen
Greifen Sie nicht nach dem Spielzeug, sondern bieten Sie dem Welpen ein Leckerchen an. Sobald er das Maul öffnet, um es anzunehmen, fangen Sie das Spielzeug einfach auf.

Spaß beim Apportieren
Wenn sie früh das Spielen mit Spielzeug und Apportieren gelernt haben, kann das Spielen mit Menschen für ältere Welpen nicht nur ein toller Zeitvertreib, sondern auch eine starke Belohnung sein.

Apportieren ausbauen

Sobald der Welpe das einfache Apportieren gelernt hat, können Sie es ausbauen, bis er jedes gewünschte Objekt holen kann und auf Kommando wartet, bevor er losläuft, um etwas zu apportieren.

Beginnen Sie mit dieser Übung erst, wenn Ihr Welpe zuverlässig Spielzeuge apportiert *(S. 163–163)*. Im nächsten Schritt lernt er, auf Ihr Kommando zu warten. Zudem wird er ein nützlicher Helfer, denn er lernt, angezeigte Objekte zu holen und in Ihre Hand zu legen. Darauf aufbauend können Sie ihm dann beibringen, Verfolgungen abzubrechen *(S. 170–171)*.

△ *Liegende Gegenstände*
Animieren Sie den Welpen mit einem Gegenstand, werfen Sie ihn, halten Sie den Hund aber fest, bis der Gegenstand mehrere Sekunden liegt. Dann sagen Sie »Hol's!«. Hat er das Interesse mittlerweile verloren, versuchen Sie es noch einmal, lassen ihn aber etwas früher los.

△ *Auf Erlaubnis warten*
Ziehen Sie eine Kordel durch das Halsband des Welpen und halten Sie beide Enden. Geben Sie das Kommando »Warte!« *(S. 154–155)*. Werfen Sie den Ball und halten Sie ihn mit der Kordel zurück.

▷ *»Hol's!«*
Warten Sie, bis der Welpe ruhig ist. Dann geben Sie das Kommando »Hol's!« und lassen ein Kordelende los, sobald er losstürmt.

> »**Apportieren** ist eine **wichtige Übung,** da viele **Spiele** und **Tricks** darauf **beruhen.**«

△ *Nimm ihn auf*
Lässt der Welpe den Ball auf dem Rückweg fallen, zeigen Sie darauf und ermuntern ihn mit der Stimme, den Ball wieder aufzunehmen. Klappt das nicht, stubsen Sie den Ball ein wenig an, um ihn interessanter zu machen.

▷ *In die Hand geben*
Strecken Sie die Hand aus, um den Ball aufzufangen. Sagen Sie »Aus!«. Lässt er den Ball vorher fallen, ermutigen Sie ihn, ihn wieder aufzunehmen, bevor er ihn abgibt.

PRAXISTIPP

**Apportieren ist eine wichtige Übung –
viele Spiele und Tricks basieren darauf.
Der Welpe muss zuverlässig apportieren,
bevor Sie ihm z. B. beibringen können,
versteckte Gegenstände zu suchen
(S. 180–181), oder Postbote zu spielen
(S. 184–185).**

**Sobald Ihr Welpe gelernt hat, Gegenstände auf Kommando zu holen, kann er
nützliche Aufgaben im Haushalt erledigen, wie Dinge für Sie aufheben. Arbeitet**
er für Lob und Leckerchen, hat er etwas zu
tun, wird geistig und körperlich gefordert
und es steigert sein Selbstbewusstsein.
Er wird es genießen, etwas tun zu können.

**Gewöhnen Sie ihn langsam an andere
Objekte als Spielzeuge.** Üben Sie
mit metallischen Gegenständen oder
baumelnden Dingen, die sich schwer
aufnehmen lassen, erst später. Oder
bringen Sie ihm bei, einen Gegenstand für
Sie zu tragen. Loben Sie ihn, wenn er ihn
trägt, und ermuntern Sie ihn, ihn wieder
aufzunehmen, wenn er ihn fallen lässt.

Hol den Schlüssel
Hunde können harte Gegenstände, wie Schlüssel,
schwer aufnehmen. Machen Sie es ihm einfacher,
indem Sie einen weichen Schlüsselanhänger
daran befestigen.

»Sitz!« in Entfernung

Beherrscht der Welpe »Sitz!« auch in Entfernung, können Sie ihn jederzeit überall stoppen. In Gefahrensituationen, wo es oftmals auf Sekunden ankommt, kann diese Übung also für seine Sicherheit sorgen.

Dies ist eine Übung für Fortgeschrittene. Üben Sie sie also erst, wenn Ihr Welpe schon mehrere Kommandos beherrscht und verlässlich auf Handsignal »Sitz!« macht *(S. 148–149)*. Beherrscht er »Sitz!« an

Ort und Stelle, können Sie beginnen, es zu üben, während er umherläuft. Auf dieselbe Weise können Sie mit Ihrem Welpen auch üben, ihn in der Entfernung »Platz!« machen zu lassen.

1 ◁
An Ort und Stelle
Stellen Sie sich vor Ihren Hund und bitten Sie einen Helfer, ihn am Halsband zu halten, damit er sich daran gewöhnt. Geben Sie ihm nun mit dem eingeübten Handzeichen das Kommando »Sitz!« (S. 143).

2 △
Belohnen
Geben Sie das Leckerchen, sobald er sitzt. Wiederholen Sie Schritte 1 und 2 mehrmals. Was er lernt, ist: »Sitz direkt vor mir und ich belohne dich.« Daher wird er später wahrscheinlich erst versuchen, näher zu kommen.

3.

Auf Abstand gehen
Treten Sie nun einen Schritt zurück und geben Sie das Handzeichen für »Sitz!«. Ihr Helfer sollte den Welpen sanft festhalten. Geben Sie das Handzeichen erneut. Versteht er nicht, sollte Ihr Helfer ihn in Position locken, aber nicht belohnen.

4

Zurück kommen
Sobald der Welpe sitzt, laufen Sie zu ihm und belohnen ihn. Er wird lernen, auf das Leckerchen zu warten, wenn Sie immer damit zu ihm kommen. Üben Sie, bis er in Entfernung »Sitz!« macht.

»Sitz!«

PRAXISTIPP

Irgendwann lernt der Welpe, in Entfernung »Sitz!« zu machen, wenn ein Helfer verhindert, dass er losläuft. Dann beginnen Sie das Training von vorne, aber dieses Mal ohne Helfer. Helfen Sie dem Hund, indem Sie den Abstand zwischen sich nur langsam vergrößern. Klappt dies nicht, sollten Sie noch eine Zeit lang mit Helfer weiterüben.

Führt der Welpe »Sitz!« in Entfernung verlässlich aus, können Sie beginnen, ihn auf Kommando anzuhalten, während er läuft. Geben Sie das Signal anfangs nur, wenn er selbst gerade anhalten will. Steigern Sie die Übung langsam, bis Sie ihn aus vollem Lauf stoppen können.

Notbremse
Beherrscht ein Hund »Sitz!« in Entfernung, kann dies gefährliche Situationen entschärfen oder sogar sein Leben retten.

Verfolgung abbrechen

Wenn Sie sicher sein wollen, dass Sie Ihren Welpen wirklich ohne Gefahr von der Leine lassen können, sollten Sie ihn auch aus einer Verfolgung zurückrufen können. Üben Sie zunächst mit Spielzeugen.

Diese Übung ist für alle Welpen wichtig, aber besonders für Rassen, die einen ausgeprägten Jagd- und Hetztrieb haben. Eine gute Basis für das sichere Abbrechen von Verfolgungen bildet das Training mit Spielzeugen. Später können Sie dann auch in Alltagssituationen üben. So können Sie später immer verhindern, dass Ihr Hund unkontrolliert hinter etwas herjagt.

2 △
Im Lauf stoppen
Läuft der Welpe Richtung Spielzeug, stellen Sie sich ihm in den Weg, halten die Hand hoch und geben ihm das Handzeichen für »Warte!« (S. 143).

1 △
Den Hund animieren
Animieren Sie den Hund mit einem Spielzeug und täuschen Sie einen Wurf an. Schaut er sich danach um, werfen Sie es in die andere Richtung.

»**Kehrt** der Welpe **um** und läuft Richtung Spielzeug, **stellen** Sie sich ihm **in den Weg.**«

3 ▷
Ein besseres Spielzeug
*Sobald der Welpe vor Ihnen anhält,
lenken Sie ihn vom ersten Spielzeug ab,
indem Sie ein Lieblingsspielzeug werfen.*

4 ◁
Verfolgung
*Werfen Sie das
zweite Spielzeug in
die entgegengesetzte
Richtung des ersten
und heben Sie das
erste selbst auf.*

PRAXISTIPP

Halten Sie Ihrem Welpen nicht jedes Mal auf, sondern nur ca. jedes fünfte Mal. Wenn Sie ihn zu oft aufhalten, erreichen sie einen gegenteiligen Effekt. Ihr Welpe wird irgendwann zögern, dem Spielzeug überhaupt hinterherzulaufen, und an der Übung bald das Interesse verlieren.

Scheuchen Sie den Welpen nicht bis zur Erschöpfung. Je nachdem, wie fit er ist und wie warm es draußen ist, sind 20 Durchgänge pro Trainingseinheit genug. Da Sie ihn bei 20 Würfen maximal vier Mal stoppen können, dauert das Training von vornherein länger. Sie müssen also Geduld aufbringen und konsequent mit einem langen Atem weiterüben, bis Verfolgung abbrechen sitzt.

Denken Sie daran, auch diese Übung zunächst an einem ruhigen Ort zu trainieren. Wenn Ihr Welpe das Prinzip begriffen hat, können Sie an verschiedenen Orten und in unruhiger Umgebung üben. Dort wird er sich anfangs schwerer konzentrieren können.

Training in Alltagssituationen
Kann Ihr Welpe Verfolgungen abbrechen, können Sie mit ihm üben, sich bewegende Objekte, wie Fahrradfahrer und Jogger, zu ignorieren. Benutzen Sie anfangs die Trainingsleine und lenken Sie ihn mit einem Apportierspiel ab.

Lustige Tricks

Wenn Ihr Welpe die Grundkommandos beherrscht, ist es Zeit für ein wenig Spaß. An den Übungen in diesem Abschnitt werden Sie beide, aber auch andere Freude haben und sie lohnen die Mühe. Bei positiver Verstärkung zeigen Hunde auch gerne, was sie können, und genießen die Aufmerksamkeit des Publikums genauso wie ihre Leckerchen und das Spielen. Zudem bieten ihnen diese Tricks geistige Anregung und geben ihnen etwas zu tun, was ihr Selbstvertrauen stärkt. Da Welpen nie eine Übung vergessen, die sie ganz jung erlernt haben, werden Sie jahrelang mit all den Sachen gemeinsam Spaß haben, die Sie Ihrem Welpen jetzt beibringen.

SCHLAUES KERLCHEN
Tricks sind eine tolle Beschäftigung für Hunde und fördern sie geistig. Zudem können Sie damit auch Ihre Freunde beeindrucken.

Winken und »Gib mir 5!«

Winken lernen Welpen ganz schnell und Sie können es später zu »Gib mir 5!« ausbauen. Die Übung eignet sich gut als Anfang und Ende einer Showeinlage, mit der Sie Ihre Freunde ein wenig beeindrucken können.

Winken ist praktisch eine Vorstufe zu »Gib mir 5!«. Üben Sie also zuerst das Winken und beginnen Sie mit »Gib mir 5!« erst, wenn Ihr Welpe es beherrscht. Halten Sie die Trainingseinheiten kurz und haben Sie Geduld. Üben Sie zunächst nur an einem Ort, bis Ihr Welpe sicher ist. Dann können Sie beginnen, die Übung auch an anderen Orten im Haus und im Garten zu trainieren.

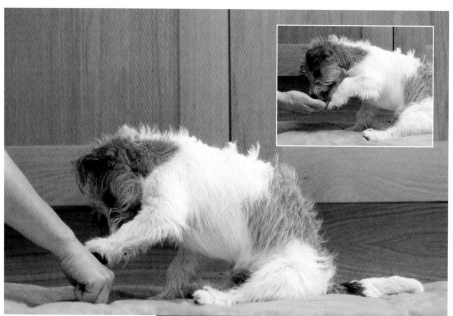

1
◁

Pföteln lernen

Legen Sie ein Leckerchen in Ihre Hand, schließen Sie sie zur Faust und halten Sie sie auf den Boden. Warten Sie, bis der Welpe nach Ihrer Hand pfötelt, öffnen Sie sie dann und belohnen Sie ihn. Üben Sie dies, bis der Welpe gelernt hat, mit seiner Pfote gegen Ihrer Hand zu stubsen – zu pföteln.

2
▷

Hand höher halten

Halten Sie die Hand mit der Zeit etwas höher und belohnen Sie den Welpen immer sofort, wenn er danach pfötelt. Führen Sie ein Handzeichen ein und machen Sie es, kurz bevor Sie ihm die Faust mit dem Leckerchen hinhalten. So verknüpft er das Zeichen mit der Aktion.

»Gib mir 5!«

3.▽

Winken

Die Übung wird schwieriger, sobald Sie Ihre Faust so hoch halten, dass der Welpe sie mit der Pfote nicht mehr erreichen kann. Belohnen Sie nun jeden Pfötelversuch sofort. Üben Sie geduldig und belohnen Sie gute Ansätze. Irgendwann wird Ihr Welpe richtig winken können.

4.△

»Gib mir 5!«

Sobald Ihr Welpe zuverlässig in verschiedenen Situationen winken gelernt hat, können Sie es zu »Gib mir 5 !« ausbauen. Senkt er nach dem Winken die Pfote, halten Sie die Handfläche Ihrer anderen Hand dagegen und belohnen ihn sofort.

> »Üben Sie **zunächst** nur das **Winken** und beginnen mit dem Training von ›**Gib mir 5!**‹ erst, wenn Ihr Welpe das Winken **beherrscht.**«

PRAXISTIPP

Sobald Sie Ihre Faust so hoch halten, dass der Welpe sie nicht mehr erreicht, versucht er vielleicht zu springen. Ignorieren Sie es, lassen Sie ihn wieder »Sitz!« machen und erneut winken. Belohnen Sie aber jeden kleinsten Winkansatz, damit er weiß,

was er richtig gemacht hat. Versteht er nicht, senken Sie die Faust ein wenig, damit er weiß, was Sie wollen. Nun sollte er auch winken, wenn Sie die Faust wieder höher halten.

Trainieren Sie Winken zunächst im Hocken oder Hinknien. Versteht Ihr Welpe das Kommando, können Sie

dazu übergehen, das Kunststück auch im Stehen zu üben.

Wenn Ihr Welpe »Gib mir 5!« macht, helfen Sie ihm, indem Sie seine Pfote leicht stützen. Halten Sie sie aber nicht fest. Manche Hunde werden ängstlich, wenn man ihre Pfoten festhält, und ziehen sie zurück.

Rolle und spiel »Toter Hund«

Diese Übung macht Spaß, kann aber auch hilfreich sein, wenn Sie den Bauch Ihres Welpen inspizieren oder ihn bürsten müssen. Außerdem können Sie das Rollen auch zu einem lustigen Trick ausbauen.

Trainieren Sie diesen Trick erst, wenn Ihr Welpe das Kommando »Platz!« verlässlich beherrscht. Um sich auf den Rücken zu drehen, muss der Welpe sich sicher fühlen. Üben Sie also nur an Orten, an denen er sich wohlfühlt und keine anderen Hunde in der Nähe sind. Sobald er beim Üben mit Leckerchen versteht, was er tun soll, können Sie ein Handzeichen einführen und an verschiedenen Orten üben.

Erziehung

1 ◁ Kopf zur Seite
Halten Sie dem Welpen ein Leckerchen hin und führen Sie seinen Kopf langsam auf eine Seite. Halten Sie Ihre Hand so, dass Sie nahtlos mit Schritt 2 weitermachen können. Lassen Sie ihn am Leckerchen knabbern und lecken, damit er das Interesse nicht verliert.

2 ▷ Kopf nach hinten locken
Locken Sie seinen Kopf weiter bis auf den Rücken. Dies ist für ihn nicht ganz einfach, haben Sie also Geduld. Halten Sie das Leckerchen nicht zu hoch, sonst steht er auf. Belohnen Sie ihn und üben Sie von vorne.

PRAXISTIPP

Bleiben Sie geduldig. Beim Locken müssen Sie beide üben. Halten Sie Ihre Hand von Anfang an so, dass Sie den Welpen bis in die Endposition locken können. Werden Sie ungeduldig, belohnen Sie seinen besten Versuch und brechen ab.

Ein ruhiges Lob ist angebracht, wenn der Welpe in Position ist. Belohnen Sie ihn anfangs mit mehreren Leckerchen. Bei zu aufgeregtem Lob wird er aufstehen.

Hören Sie auf, ihn zu belohnen, sobald er sich bewegt. So lernt er, dass es sich lohnt, liegen zu bleiben. Geben Sie ihm ein Endsignal für die Übung, z. B. »Ende!«.

»Toter Hund« spielen
Üben Sie weiter, bis sich der Welpe aus dem Stehen hinlegt und auf den Rücken dreht. Führen Sie dafür ein eigenes Handzeichen ein.

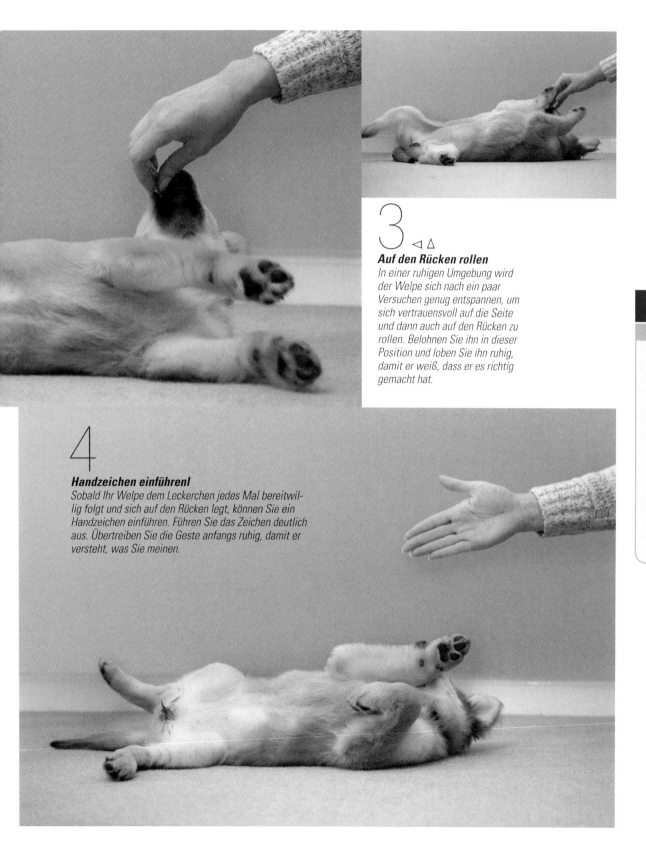

3 ◁ △
Auf den Rücken rollen
In einer ruhigen Umgebung wird
der Welpe sich nach ein paar
Versuchen genug entspannen, um
sich vertrauensvoll auf die Seite
und dann auch auf den Rücken zu
rollen. Belohnen Sie ihn in dieser
Position und loben Sie ihn ruhig,
damit er weiß, dass er es richtig
gemacht hat.

4
Handzeichen einführen!
Sobald Ihr Welpe dem Leckerchen jedes Mal bereitwillig folgt und sich auf den Rücken legt, können Sie ein
Handzeichen einführen. Führen Sie das Zeichen deutlich
aus. Übertreiben Sie die Geste anfangs ruhig, damit er
versteht, was Sie meinen.

Du brauchst keine Angst zu haben!
Welpen drehen sich aus verschiedenen Gründen von selbst auf den Rücken. Sie tun es, wenn sie entspannt sind, aus Spaß oder um Aufmerksamkeit zu bekommen. Es kann aber auch eine Unterwürfigkeitsgeste sein.

»Such das Spielzeug!«

Suchen ist eine tolle Beschäftigung für den Hund, bei der Sie sich nicht anstrengen müssen. Sobald er das Spiel versteht, können Sie Spielzeuge und Leckerchen im ganzen Haus verstecken und ihn suchen schicken.

Üben Sie zunächst mit dem Lieblingsspielzeug Ihres Welpen, bevor Sie mit anderen Dingen üben. Mag er sein Stofftier nicht suchen, probieren Sie es mit einem Gummitier oder mit Leckerchen in einem Karton. Machen Sie es ihm anfangs einfach. Verstecken Sie das Spielzeug offen und zeigen Sie auf das »Versteck«. Helfen Sie dann immer weniger und verstecken Sie Dinge auch in anderen Zimmern.

1 ◁
Spannung aufbauen
Spielen Sie mit Ihrem Hund mit dem Spielzeug, bis er richtig animiert ist. Ein ausgelassenes Spiel steigert sein Interesse, wenn es ans Suchen geht. Verstecken Sie das Spielzeug dann unter einem Kissen.

»Such!«

2 ▷
Suche beginnen
Lassen Sie Ihren Welpen sehen, wo das Spielzeug ist. Dann gehen Sie mit ihm außer Sichtweite und schicken ihn sofort zurück. Ermuntern Sie ihn und zeigen Sie auf das Versteck. Falls nötig, helfen Sie ihm, es zu finden.

»Feiner Hund!«

3 ◁

Sanft loben

Warten Sie, bis er das Spielzeug genommen hat, und loben Sie ihn, damit er weiß, wie toll er ist. Streicheln Sie ihn nur am Körper – an den Seiten und am Rücken. Fassen Sie seinen Kopf und das Spielzeug nicht an, sonst meint er, Sie wollten es ihm wegnehmen.

4 ▽

Suche ausweiten

Sobald Ihr Welpe alles findet, was Sie in einem Zimmer verstecken, weiten Sie die Suche auf andere Zimmer aus. Üben Sie erst mit verschiedenen Spielzeugen, dann mit anderen Dingen.

PRAXISTIPP

Ihr Welpe benutzt seine Nase zur Suche. Nutzen Sie daher anfangs besser weiche, bekannte Spielzeuge als neue und harte.

Erleichtern Sie dem Welpen, suchen zu lernen, indem Sie ihn ermuntern und ihm anfangs helfen. Erhöhen Sie die Schwierigkeit erst nach und nach.

Überlassen Sie ihm das Spielzeug eine Zeit lang, wenn es gefunden hat. Auch das ist Teil seiner Belohnung. Nehmen Sie es ihm zu früh weg, lohnt sich das Suchen für ihn nicht.

Manche Welpen sind an Spielzeugen nicht so stark interessiert und finden das Suchspiel daher nicht besonders spannend. Sie brauchen ständige Ermunterung von ihren Haltern, um die Arbeit, die mit dem Suchen verbunden ist, auf sich zu nehmen. Ist Ihr Welpe nicht sonderlich interessiert, gestalten Sie das Spiel für ihn sehr einfach und offensichtlich.

Zufriedener Hund
Suchspiele ermüden Ihren Welpen schnell. Anschließend wird er aber zufrieden sein und sich gerne zum Ausruhen hinlegen.

»Krabbel!«

Krabbeln ist ein lustiger Trick. Sobald der Welpe ihn beherrscht, können Sie versuchen, ihn mit einem flachen Sprung zu verbinden. Amüsieren Sie Freunde, indem Sie den Welpen unter ihnen her krabbeln lassen.

Welpen das Krabbeln beizubringen ist einfach. Was am meisten Zeit braucht, ist, dass er begreifen muss, auch sein Hinterteil unten zu lassen, statt nur mit den Vorderpfoten zu krabbeln und hinten zu laufen.

Üben Sie auf einem weichen Teppich, bis er den Trick auf Handzeichen ausführt. Dann können Sie auch an anderen Orten und auf anderen Böden mit ihm üben.

1 ◁

Langsam locken
Ihr Welpe sollte »Platz!« zuverlässig ausführen können (S. 152–153), bevor Sie Krabbeln üben. Lassen Sie ihn »Platz!« machen und halten Sie ihm ein Leckerchen vor die Nase. Bewegen Sie es ganz langsam von ihm weg, damit er folgen kann. Achten Sie darauf, ob er die Beine bewegt.

2 ▷

Bemühung belohnen
Bewegt er auch nur eine Pfote, belohnen Sie ihn mit einem Teil des Leckerchens. Belohnen Sie es ganz besonders, wenn er alle vier Pfoten vorwärtsbewegt. Wiederholen Sie Schritte 1 und 2 und warten Sie jedes Mal etwas länger mit der Belohnung, bis er schließlich begierig hinterherkrabbelt.

»Erwarten Sie anfangs nicht **zu viel,** trainieren Sie **kurz** und enden Sie immer **positiv.«**

3 ◁
Handzeichen
Wenn Ihr Welpe zuverlässig krabbeln gelernt hat, locken Sie ihn am Anfang eines Trainings ein paar Mal und belohnen Sie ihn. Dann ziehen Sie als Handsignal schlicht Ihre Hand vor ihm her. Folgt er, belohnen Sie ihn ausgiebig. Versteht er nicht, was er tun soll, locken Sie ihn noch ein paar Mal.

4 △
Erfolg belohnen
Reagiert der Welpe auf Ihr Handsignal, achten Sie darauf, dass er das Hinterteil unten lässt. Belohnen Sie ihn mit Leckerchen und viel Lob. Krabbeln ist für Hunde keine natürliche Bewegung. Üben Sie also nur kurz, damit er nicht ermüdet.

PRAXISTIPP

Belohnen Sie den Welpen nicht, wenn er beim Krabbeln sein Hinterteil anhebt. Schimpfen Sie nicht, sondern warten Sie einfach, bis er es wieder absenkt, und belohnen Sie ihn dann. Für ihn ist es natürlich, das Hinterteil dabei anzuheben,

Für junge Welpen nicht geeignet. Krabbeln ist anstrengend und der Welpe muss andere Muskeln bewegen als beim

Laufen. Auch werden die Gelenke stark beansprucht. Dieser Trick bleibt also älteren Welpen vorbehalten. Üben Sie nur kurz und enden Sie immer positiv.

Halten Sie das Leckerchen immer vor seine Nase und locken Sie ihn weiter. Bewegen Sie das Leckerchen sehr langsam, bis er verstanden hat, was von ihm erwartet wird. Bewegen Sie es zu schnell, wird er aufstehen und hinterherlaufen wollen, um heranzukommen.

Unter freiem Himmel
Wenn der Welpe zuverlässig auf Handzeichen hin krabbeln kann, können Sie auch im Freien und an Orten üben, an denen er abgelenkt wird.

Postbote spielen

Dieser Trick ist praktisch, macht Spaß und der Welpe genießt das gemeinsame Spiel mit seinen Menschen. Mit der Zeit kann er auch lernen, Briefe gezielt an ganz bestimmte Menschen im Haus auszuliefern.

Bevor Sie mit diesem Trick beginnen, sollte Ihr Welpe zuverlässig Spielzeuge und andere Dinge apportieren können *(S. 162–167)*. Trainieren Sie mit den Schritten 1 und 2 zunächst die Grundlagen.

Erweitern Sie das Spiel und fügen in Schritt 1 den Namen eines Empfänger ein. Zunächst befindet sich der Empfänger im Raum, bis der Welpe das Kommando kennt, dann entfernt er sich immer weiter.

1 ◁
Den Welpen animieren
Spielen Sie angeregt mit einem Stück Papier, damit der Welpe es haben will. Sobald er es im Maul hat, drehen Sie ihn zu Ihrem Helfer und sagen »Bring's!«.

2 ▽
Den Brief überbringen
Sobald Sie ihn losgeschickt haben, sollte der Helfer den Welpen rufen und das Handzeichen für »Komm!« geben (S. 143). Ermutigen Sie das Tier, den Brief zu überbringen.

PRAXISTIPP

Üben Sie erst mit Helfer, wenn Ihr Welpe gelernt hat, ein Papier aufzunehmen und es Ihnen gegen Leckerchen auszuhändigen. Sonst versteht er nicht.

Tut der Welpe sich schwer, jemand in einem anderen Zimmer zu suchen, üben Sie wieder mit der Person in Sichtweite. Dann erhöhen Sie langsam den Abstand.

Hol den Brief
Lässt der Welpe den Brief fallen, bevor er ihn übergeben hat, ermuntern Sie ihn, ihn wieder aufzuheben, und zeigen Sie dazu auf den Brief am Boden. Hat er ihn wieder im Maul, schicken Sie ihn und bitten den Helfer, ihn zu rufen.

Bitte schön!
Hat der Welpe gelernt, dass er für das Überbringen des Briefs ein Leckerchen bekommt, wird er ihn auf »Aus!« gerne übergeben. Bis dahin sollte der Helfer ihn nur sanft streicheln und den Brief erst nehmen, wenn er ihn fallen lässt.

3
Ausgiebig loben
Sobald der Welpe ankommt, sollte der
Helfer ihn intensiv loben und ihn am Körper
streicheln – nur nicht am Kopf. Sobald der
Welpe sich beruhigt hat und das Papier
ausgibt, kann der Helfer es an sich nehmen
und den Hund mit Leckerchen belohnen.

Register

A

Ablenkungen und Verknüpfungen 144–145
    siehe auch Erziehung
Aggression
    gegenüber Hunden 82–83
    Spielverhalten 104–05
Airedale Terrier 38
Akita 45
Alleinesein
    Alleinebleiben üben 58–59
    und Kauen 110–111
Altersvergleich Hund – Mensch 63
American Cocker Spaniel 34
Angst 86–87
    siehe auch Scheu
Apportieren 162–163
    ausbauen 166–167
    Hilfe im Haushalt 111
    Postbote spielen 184–185
    und Spielen 102
Arbeitshunde 20, 40
    siehe auch Rasseportraits
Assistenzhunde für Behinderte 40–41
Aufmerksamkeit, Konzentrationsspanne 62
Augenkontakt mit Menschen 67
»Aus!« 103
Australian Shepherd 37
Auszeiten 115
Autofahrten
    Autogeschirr 125
    Gewöhnung 89
    Reisebox 124
    Straßen und Autos, Gewöhnung 88–89
    und erwünschtes Verhalten 124–125
    und Sabbern 125
    und Übelkeit und Erbrechen 125

B

Basset Hound 20, 37
Beagle 31
Bearded Collie 37
Beißen
    Spielbeißen 100–101
    und Frustration 122–123
    und Futter 121
Belgischer Schäferhund 42
Bellen
    Bellfreude mindern 117
    und Autofahrten 125
    und Frustration 122–123
Belohnungen 138–139
    und Timing 140–141
    siehe auch Erziehung
Berner Sennenhund 47
Bernhardiner 48
Berührungen, Gewöhnung 68–69
Bewegung
    und Gewohnheiten der Halter 12–13
    zu viel Bewegung 72
Bichon Frisé 24
Bindung aufbauen 114–115
Bordeauxdogge 45
Border Collie 36
Border Terrier 20, 27
Boston Terrier 26
Boxer 39
Bretonischer Spaniel 34
Briefe überbringen 184–185
Bull Terrier 35
Bulldogge 35
Bullmastiff 46, 47

C

Cairn Terrier 27
Cavalier King Charles Spaniel 28
Charaktereigenschaften 12
    siehe auch Rasseportraits

Chihuahua 22
Cocker Spaniel 30, 34
Collie (Langhaar) 38
Corgi 31

D

Dachshund (Dackel) 29
Dalmatiner 36, 38
DAP-Hormonsprays 87
Deutsch Drahthaar 43
Deutsch Kurzhaar 20, 39
Deutsche Dogge 48
Deutscher Schäferhund 44
Dobermann 20, 44

E

Eingewöhnung 58, 88–89
Entwicklung der Hunderassen 20–21
    siehe auch Rasseportraits
Erkundungsdrang und Pubertät 111
    siehe auch Pubertät
Ernährung 75
    siehe auch Futter
Erziehung
    Ablenkungen 144
    Aufmerksamkeit suchen 115
    Belohnung 138–139
    Früherziehung 62–63
    Frustration aushalten 122–123
    Futter stehlen 116–117
    Grenzen setzen 114–115
    Handzeichen 143, 149
    Kinder 121–137
    Kommandos 142–145
    Locken und Leckerchen 137
    Lustige Tricks 172–185
    nach Ruhepausen 139
    schlechte Gewohnheiten 116–117
    Selbstbeherrschung 115

Target-Training 140
Trainingsleine, *siehe auch*
Leine
und Bellen 117
und Eingewöhnung 58, 88–89,
117
und Hetzen 117
und Kauen, *siehe* Kauen
und Lernprozesse 136–137
und Lob 116, 117
und Pubertät 129
und Spielen 62–63
und Springen 116
und Timing 140–141
Verknüpfungen 144–145
Versuch und Irrtum 136–137

F

Fahrradfahrer 117
Fell schneiden 68–69
 siehe auch Rasseportraits
Fellpflege, Gewöhnung 69
 siehe auch Rasseportraits
Fester Tagesablauf, Routine
72–73
Flat Coated Retriever 43
Fox Terrier 31
Französische Bulldogge 30
Freundschaft und Kontrolle,
Gleichgewicht 114–115
 siehe auch Erziehung
Frustration aushalten 122–123
»Fuß!« 143, 158–159
 und Leinenführigkeit
160–161
Futter
 als Belohnung 138–139
 Beschäftigung 110–111
 Futterarten 75
 Kauartikel, *siehe* Kauartikel
 Knochen 75, 109
 Stehlen 116–117
 und Erziehung 120–121
 und Gesundheit 75

und in die Hand beißen
121
und Locken 137, 140

G

Gehirnentwicklung 62–63
Gehör, Sinne 63
Geräusche, laute, Gewöhnung 89
Geruchssinn 63
Gesellschaftshunde 20
 siehe auch Rasseportraits
Gesundheit
 Gesundheitstest bei Rasse-
 hunden 14–15
 Impfungen 74
 Tierarztbesuche 74–75
 und Futter, Fütterung 75
 und Körpergewicht 75
 und Züchterauswahl 16
 und Zucht 131
Gesundheitstest für Rassehunde
14–15
 siehe auch Gesundheit; Rasse-
 portraits
Gewöhnung an andere Tiere
56–57, 82–83
»Gib mir 5!« 174–175
Golden Retriever 36, 42
Grenzen setzen 114–115
 siehe auch Erziehung
Große Hunde, Eignung als Haus-
tier 36–45
Großpudel 38

H

Habituation und Eingewöhnung
58, 88–89
Handzeichen und Kommandos
142–143
 siehe auch Erziehung
Haustiere, Gewöhnung 56–57,
82–83
Havaneser 24

»Hier!« 143, 150–151
»Hol's!« 162–163
 siehe auch Apportieren
Hovawart 42
Hunde
 Kennenlernen 56–57
 Spielen mit Hunden 104–105
Hundebettchen 54
Hundeeltern 14–15
 siehe auch Hundemütter
Hundemütter
 und Wesen der Welpen 15, 17,
 54, 131
 siehe auch Zucht
Hundetoilette 96–97
 siehe auch Stubenreinheit
Hütehunde 20
 siehe auch Rasseportraits

I

Impfungen 74
 Impfausweis, Impfpass 55
 siehe auch Gesundheit

J

Jack Russell Terrier 26
Jagd- und Hetzverhalten 117
 Lauf- und Apportierspiele 103
 Verfolgung abbrechen 170–171
Jagdhunde 20
 siehe auch Rasseportraits
Jogger, Gewöhnung 117

K

Kastration
Kauartikel
 im Spielgehege 55, 109
 und Pubertät 111
 verschiedene Arten 109
Kauen
 Gegenmaßnahmen 108, 109
 Pubertät 110–111

und Alleinesein 110–111
und Beschäftigungsleckerchen 110–111
Ursachen 108–109
Kinder
 Kennenlernen 56–57
 Teilnahme an Erziehung 121, 137
Kleine Hunde, Eignung als Haustier 22–29
Knochen kauen 75, 109
 siehe auch Futter
Knochenschädigung, Entwicklung 72, 149
Kommandos 142–145
 siehe auch Erziehung
Kommandos und Handzeichen 142–145
 siehe auch Erziehung
Körperbau 12
 siehe auch Rasseportraits
Körpergewicht 75
 siehe auch Gesundheit
Körpergröße des Welpen 12
 siehe auch Rasseportraits
Körpersprache
 und Scheu 86–87
 und Sozialisierung 66–67, 80
 verstehen 66–67
»Krabbel!« 182–183
Kreuzungen 49

L

Labrador Retriever 40–41
Leine
 und Spazieren gehen
 und Spielbeißen 101
 und Stubenreinheit 96–97
 siehe auch »Fuß!« *und* Leinenführigkeit
Leinenführigkeit 160–161
 und »Fuß!« 158–159
Leonberger 46
Lernprozess 136–137
 siehe auch Erziehung

Lhasa Apso 26
Locken und Leckerchen 137, 140
Lustige Tricks 172–185
 siehe auch Erziehung

M

Malteser 23
Mischlinge und Kreuzungen 49
Mittelgroße Hunde, Eignung als Haustier 30–35
Mops 28

N

»Nein!« und Futter 120
Neufundländer 47

O

Ohren und Körpersprache 67
 siehe auch Körpersprache

P

Papillon 26
Parson Russell Terrier 26
»Platz!« 143, 152–153
 und Timing 140
Pubertät
 und Erkundungsdrang 111
 und Erziehung 129
 und Heranwachsen 128–129
 und Kauen 110–111
 und Zucht 130–131
 Verhaltensänderungen 128–129
Puppy Pads (Einlagen) 97
 siehe auch Stubenreinheit

R

Reisebox 124
 siehe auch Autofahrten
Rhodesian Ridgeback 44

Riesenschnauzer 45
Rolle 176–177
Rottweiler 47
Routine, Bedeutung 72–73
Rute, Körpersprache 67
 siehe auch Körpersprache

S

Sabbern und Autofahrten 125
 siehe auch Autofahrten
Scheu
 überwinden 86–88
 und DAP-Hormonspray 87
 und Körpersprache 86–87
Schlaf, Bedeutung 73
Sehen, Gesichtssinn 63
Sehr große Hunde, Eignung als Haushund 46–49
Shar Pei 35
Sheltie, Shetland Sheepdog 20, 30
Shih Tzu 22, 25
Siberian Husky 37
Sinne, Sinneswahrnehmungen 63
»Sitz!« 143, 148–149
 in Entfernung 168–169
Sozialisierung
 mit anderen Haustieren 56–57, 82–83
 mit anderen Hunden 104–105
 mit Menschen 80–81
 und Körpersprache 66–67, 80
 und Scheu, *siehe* Scheu
 und Züchterauswahl 16–17
 Welpenverhalten verstehen 62–63
Spielen
 kontrolliertes Spielen 102–103, 123
 Körpersprache 66
 Lauf- und Apportierspiele
 mit Hunden 104–105
 mit Menschen, Bedeutung 102–103, 105

Spielbeißen 100–101
Spieltrieb 101
Tauziehen 103
und Apportieren 102
und Erziehung 62–63
Bedeutung 72–73
siehe auch Spielzeug
Spielgehege
und Kauknochen 55, 109
Verwendung 55
Spielzeug
auf Kommando »Aus!« fallen
lassen 103
Spielzeugarten 101
Suchspiel 180–181
und Kommando »Hol's!«
162–163
und kontrolliertes Spiel
102–103
und Spielbeißen 100
und Verfolgung abbrechen
170–171
siehe auch Spielen
Springen 116
Springer Spaniel 21, 35
Sprocker Spaniel, Kreuzung 49
Staffordshire Bull Terrier
31–33
Straßenverkehr
Gewöhnung 88–89
siehe auch Autofahrten
»Steh!« 143, 156–157
Streicheln und Entspannung
69
Stress und Autofahrten 125
Stubenreinheit 94–95
und Züchterauswahl 16–17
Huntetoilette 96–97
Nachtruhe 95
Probleme 96–97
Puppy Pads (Einlagen) 97
und Trainingsleine 96–97
siehe auch Unreinheit
Stubenreinheit nachts 95
siehe auch Stubenreinheit

T

Target Training 140
siehe auch Erziehung
Terrier 20
siehe auch Rasseportraits
Tibet Terrier 30–31
Tierarztbesuche 74–75
siehe auch Gesundheit
Tierheime 14–15
Timing und Belohnung 140–141
siehe auch Belohnung;
Erziehung
»Toter Hund!« 106–107
Toy Pudel 23
Trennungsangst
und Alleinesein 58–59
und Kauen 110–111

U

Übelkeit und Erbrechen, Autofahrten 125
siehe auch Autofahrten
Unreinheit
und Autofahrten 125
und Pubertät 130
siehe auch Stubenreinheit
Unsicherheit erkennen 66
Untersuchungen beim Tierarzt
74–75
siehe auch Gesundheit

V

Verhaltensänderungen; Pubertät
128–129
siehe auch Pubertät
Verknüpfungen 144–145
siehe auch Erziehung
Vorbereitungen für Einzug
54–55
Familie kennenlernen 56–57
Türgitter 54
und Eingewöhnung 58, 88–89

W

»Warte!« 143, 154–155
siehe auch Frustration aushal-
ten 123
Weimaraner 45
Welpen und erwachsene Hunde,
Unterschiede 62–63
Welpenauswahl 12–13
Welpenfabriken 14–15
Welpen-Spielgruppen 74–75, 82
West Highland White Terrier 28
Whippet 34
Winken 174–175

Y

Yorkshire Terrier 22

Z

Zähne
und Kauen 108
siehe auch Kauen
Linderung beim Zahnen 109
Ziehen an der Leine 160–161
siehe auch Leinenführigkeit
Zucht
und Gesundheit 131
und Pubertät 130–131
Züchterauswahl 14–17
Aufzucht in Wohnumgebung
15–17
und Gesundheit 16
und nervöse Mütter 16–17
Zuneigung und Aufmerksamkeit
72
Zwergpinscher 24
Zwergpudel 25
Zwergschnauzer 29
Zwergspitz 24

Glossar

AKTION
Bewegung oder Handlung, für die der Welpe belohnt wird.

BELOHNUNG
Etwas, das der Welpe wirklich haben möchte, das im Tausch gegen gutes Benehmen gegeben wird, wie Leckerchen, Spielzeug oder Freiraum.

DECKHAAR
Die langen, schweren Haare des Fells.

DESENSIBILISIERUNG
Die Reduzierung der Angst vor Geräuschen, Orten oder Gegenständen durch zunehmend stärkere Konfrontation – ähnlich der Habituation

»FUSS«!-TRAINING
Der Welpe lernt an der Leine oder abgeleint neben Ihnen zu laufen.

GEGENKONDITIONIERUNG
Ein zuvor als beängstigend empfundener Reiz, wie etwa Straßenverkehr, wird bei geringer Intensität mit einer Belohnung verknüpft, damit er positiv besetzt wird.

GEWÖHNUNG / HABITUATION
Gewöhnung an Gegenstände durch zunehmend stärkere Konfrontation – ähnlich der Desensibilisierung

HANDZEICHEN
Ein Signal, das mit einer oder beiden Händen ausgeführt wird und eindeutig einer Handlung zugeordnet ist – im Training wird der Welpe belohnt, wenn er die durch Handzeichen verlangte Aktion ausführt.

INZUCHT
Zucht über mehrere Generationen mit Tieren von engem Verwandtschaftsgrad.

JACKPOT
Eine Kombination verschiedener sehr beliebter Belohnungen – Leckerchen und Spiele – zur Belohnung einer ganz besonderen Leistung.

KASTRATION
Medizinischer Eingriff, bei dem die Geschlechtsorgane entfernt werden.

KOMMANDO
Ein gesprochenes Signal, das dem Welpen eine Belohnung verspricht, falls er die gewünschte Handlung ausführt.

KREUZUNG
Die Nachkommen einer Verpaarung zweier verschiedener Rassen.

LATENTES LERNEN
Unbewusstes Lernen, das zwischen Trainingseinheiten stattzufinden scheint, während der Welpe ruht oder schläft.

LECKERCHEN-RANGLISTE
Rangliste der beliebtesten bis am wenigsten beliebten Leckerchen, nach der entsprechend der Leistung belohnt wird.

LOCKEN
Den Welpen mithilfe eines Leckerchens in die gewünschte Position führen.

MILCHZÄHNE
Kleine, spitze Zähne, die zwischen dem 4. und 5. Lebensmonat auszufallen beginnen und durch längere, weniger scharfe, bleibende Zähne ersetzt werden.

MISCHLING
Ein Hund mit gemischtrassigen Vorfahren.

POSITIVE VERSTÄRKUNG
Lernmethode, bei der gewünschtes Verhalten belohnt und dadurch verstärkt wird.

PUBERTÄRES KAUEN
Eine zweite Kauphase, die in der Pubertät etwa zwischen dem siebten und zehnten Lebensmonat auftritt.

PUBERTÄT
Entwicklungsphase, die etwa mit dem 6. Lebensmonat beginnt, in der die Welpen zur sexuellen und geistigen Reife heranwachsen.

RASSE
Eine Gruppe von Hunden, die bestimmte Erbmerkmale teilen.

SELEKTIVE ZUCHT
Kontrollierte Vermehrung mit sorgfältig ausgesuchten Geschlechtspartnern, um bestimmte Charakteristika bei den Nachkommen zu erhalten.

SHAPING / APPROXIMATION
Durch Belohnung von Zwischenschritten wird das gewünschte Zielverhalten stufenweise geformt (shaped).

SIGNAL
Ein Kommando oder Handzeichen, das dem Hund sagt, welche Handlung von ihm erwartet wird.

SOZIALISIERUNG
Gewöhnung der jungen Welpen an Menschen, Hunde und andere Tiere, damit sie zu entspannten und freundlichen Hunden heranwachsen.

SPIELBEISSEN
Natürliche Spielweise unter Wurfgeschwistern – sollte frühzeitig auf Spielzeug übertragen werden und nicht auf den Menschen.

SPIELGEHEGE
Ein eingezäunter Bereich mit Lager und Toilettenbereich, wo der Welpe sich jederzeit erleichtern kann. Soll der Welpe ruhen oder kann er gerade nicht betreut werden, wird das Spielgehege geschlossen. Ansonsten bleibt es offen.

STAMMBAUM
Die Ahnentafel eines reinrassigen Hundes.

STUBENREINHEIT
Ergebnis des Trainings der Toilettengewohnheiten des Hundes.

TARGET-TRAINING
Der Welpe lernt in mehreren Trainingseinheiten, ein Ziel (Target) mit Nase oder Pfote zu berühren. Mithilfe des Targets kann er dann z.B. lernen, eine Tür zu schließen.

TRAININGSLEINE
Ein Leine ohne Handschlaufe, die nur am Halsband befestigt wird, wenn der Hund nicht alleine ist. Mit ihr kann man seinen Bewegungsradius einschränken und ihn stoppen.

TRIMMEN
Das Entfernen alter, abgestorbener Haare bei Drahthaar.

UNTERWOLLE
Die dichten, meist kurzen, weichen Haare nah am Körper.

WELPENFABRIKEN
Massenzuchten, in denen ohne Rücksicht auf Gesundheit oder Wesen von Welpen und Elterntieren große Mengen Welpen aus rein finanziellem Interesse produziert werden.

WELPENGRUPPE
Angebot von Tiertrainern oder Hundevereinen. In kleinen Gruppen treffen junge Welpen unter Aufsicht zusammen und spielen.

WELPEN-KAUEN
Erste Kauphase, die mit dem Zahnen der Welpen etwa zwischen dem 4. und 5. Lebensmonat auftritt.

Nützliche Adressen

Hundeerziehung und Tierpsychologie

Internationaler Berufsverband der Hundetrainer/innen (IBH) e.V.
Schopfheimer Straße 1
D-79115 Freiburg
www.ibh-hundeschulen.de

Bundesverband der Hundeerzieher/innen und Verhaltensberater/innen e.V.
Auf der Lind 3
D-65529 Waldems-Esch
www.bhv-net.de

VdTT - Verband der Tierpsychologen und Tiertrainer e.V.
Achtern Dieck 6
D-24576 Bad Bramstedt
www.vdtt.org

Schweiz
Verband Schweizer Hundeschulen
Postfach 23
CH-8466 Trüllikon
www.verband-hundeschulen.ch

Tierschutz und Hundevermittlung

Deutscher Tierschutzbund e.V.
Bundesgeschäftsstelle
Baumschulallee 15
D-53115 Bonn
www.tierschutzbund.de

Bund gegen Missbrauch der Tiere e.V.
Viktor-Scheffel-Str. 15
D-80803 München
www.bmt-tierschutz.de

Tierärztliche Vereinigung für Tierschutz e.V. (TVT)
Bramscher Allee 5
D-49565 Bramsche
www.tierschutz-tvt.de

Österreich
Österreichischer Tierschutzverein
Berlagasse 36
A-1210 Wien
www.tierschutzverein.at

Schweiz
Schweizer Tierschutz STS
Dornacherstrasse 101
Postfach
CH-4008 Basel
www.tierschutz.com

Stiftung für das Tier im Recht
Rigistrasse 9
CH-8033 Zürich

www.tierimrecht.org

Zuchtverbände

Verband für das deutsche Hundewesen e.V. (VDH)
Westfalendamm 174
D-44141 Dortmund
www.vdh.de

Österreich
Der Österreichische Kynologenverbnad (ÖKV)
Siegfried-Marcus-Str. 7
A-2362 Biedermannsdorf
www.oekv.at

Schweiz
Schweizerische Kynologische Gesellschaft SKG/SCG
Brunnmattstrasse 24
3007 Bern
www.skg.ch

International
Fédération Cynologique Internationale (FCI)
Place Albert 1er, 13
B-6530 Thuin
www.fci.be

Tiermedizin und Notfallrettung

Bundesverband Praktizierender Tierärzte e.V. (bpt)
Hahnstraße 70
D60528 Frankfurt a. M.
www.tieraerzteverband.de

Österreich
Österreichische Gesellschaft für Tierärzte
Veterinärplatz 1
A-1210 Wien
www.vetmeduni.ac.at

Schweiz
Gesellschaft Schweizer Tierärztinnen und Tierärzte
Brunnmattstrasse 13
Postfach 45
CH-3174 Thörishaus
www.gstsvs.ch

Deutsche Tierrettung e.V.
Holzweilerstraße 62
D-41812 Keyenberg
www.deutsche-tierrettung.com

Liste deutscher Giftnotrufzentralen:
www.klinik-krankenhaus.de/giftnotruf.php

Österreich
VergiftungsInformationsZentrale
Gesundheit Österreich GmbH
Stubenring 6
A-1010 Wien
NOTRUF: +43 (0)1/40 64 34 3
www.meduniwien.ac.at/viz/

Schweiz
Schweizerisches Toxikologisches Informationszentrum
Freiestrasse 16
CH-8032 Zürich
NOTRUF SCHWEIZ: 145 (24 h)
NOTRUF INT.: +41 44 251 51 51
E-Mail: info@toxi.ch
www.toxi.ch

Tierregistrierung

Deutsches Haustierregister
Baumschulallee 15
D-53115 Bonn
www.registrier-dein-tier.de

Tasso e.V.
Frankfurter Str. 20
D-65795 Hattersheim
www.tasso.net

Hunde für Behinderte

VITA e.V. Verein für Assistenzhunde
Gottfried-Keller-Straße 7
D-65479 Raunheim
www.vita-assistenzhunde.de

Deutscher Ausbildungsverein für Therapie- und Behindertenbegleithunde e.V.
www.behindertenbegleithunde.de

Partner auf vier Pfoten e. V.
Grüner Weg 14
D-53639 Königswinter
www.behindertenbegleithund.de

Österreich
Verein Partner-Hunde Österreich / Assistance Dogs Europe
Weitwörth 1
A-5151 Nussdorf bei Salzburg
www.partner-hunde.org/

Schweiz
Association Le Copain
Case postale 43
CH-3979 Grône/VS
www.lecopain.ch/

Dank

Die Autorin möchte folgenden Personen danken: Allen Haltern und Welpen, die in diesem Buch auftauchen, sowie Rachel Butler, Beverley Courtney und Bobs Broadbent, die bei den Fotoarbeiten unschätzbare Hilfe geleistet haben. Ein sehr herzlicher Dank geht auch an Projekt-Redakteurin Victoria Wiggins, mit der die Zusammenarbeit eine wahre Freude war, obwohl sie die schwere Aufgabe hatte, dieses Buch aus den Tiefen meiner Gehirnwindungen hervorzulocken und ihm auf Papier Leben einzuhauchen.

Dorling Kindersley möchte sich bedanken bei:
Redaktionsassistenz: Jamie Ambrose, Anna Fischel

Dank gilt auch Rachel Butler, Bobs Broadbent, Beverley Courtney, Tima Lund und ihrem Wurf kleiner Welpen, Valley Veterinary Group, Vets on the Park und allen Mitarbeitern und Hunden im Battersea Dogs and Cats Home, Old Windsor Branch.

Sowie allen, die für dieses Buch Modell standen:
Samantha Arrowsmith, Gwen Bailey, Mitun Banerjee, Jennifer Barker, Keith Bishop, Lucinda Bishop, Gillian Blythe, Kristina Bobs, Ramie Booth, Chris Bowley, Rachael Bowley, Caroline Bradley, Bobs Broadbent, Robert Bromley, Helen Buckley, Rachel Butler, Keith Cattell, Jeremy Clarke, Neil Clarke, Sophie Clarke, Edward Coles, Sue Collier, Peter Connor, Beverley Courtney, Graham Currie, Heide Cussell, Louise Daly, Sarah Davies, Helen Davis, David Dixey, Jackie Dixey, Sarah Dray, Gary Dunning, Sumer Eaglestone, Paul Evans, Emily Fincham, Pam Fisher, Vic Fisher, Michelle Fittus, Jo Freegard, Jo Goodenough, Rosemarie Griffiths, Marie Harrison, James Haslam, Amaya Herold, David Herold, Lorna Herold, Poppy Herold, Willow Herold, Dylan Hill, Josh Hill, Lewis Hill, Tracy Hill, Peter Hobson, Alan Hocknell, Richard Horsford, John Howson, Shellee Illingworth, Lee Jackson-Horn, Jan Jones, Jo Jones, Natasha Jones, Tanya Jones, Steve Jones, Zac Jones, Sue Lim, Tima Lund, Carla Mann, Alice Martineau, Ali Masters, Isabel Masters, Stephen Masters, Hilary McLaughlin, Samuel McSweeney, Karen Miles, Niall Minihane, Catrin Osborn, Graham Ostridge, Caroline Pincott, Donna Richards, Margaret Scules, James Scull, Jill Scull, Lucy Scull, James Self, Jasmine Self, Dominic Shaw, Vicky Short, Nina Sjoberg, Fenny Sukimto, Emma Taylor, Laura Thomas, Carys Thurlby, Annette Watts, Archie Watts, Helen Weston, Victoria Wiggins, Jennifer Woodford, Perdita Woodley, Vanessa Woodley, Nigel Wright, Christine Young

Danke auch an alle Welpen und Hunde, die wir für dieses Buch fotografieren durften:
Alfie, Angus, Archie, Bailey, Baxter, Ben, Benny, Bess, Betty Boo, Blade, Blanche, Boris, Boysie, Bracken, Brian, Buddy, Buster, Buttons, Charlie, Chesil, Dexter, Dixie, Dora, Eddie, Elsa, Faolan, Fly, Guinness, Jess, Lenny, Lilah, Lottie, Maggie, Molly, Monty, Murphy, Otto, Pebbles, Pepper, Rocky, Ruby, Quinn, Rufus, Scrappy, Scrumpy, Spider, Stan, Stanley, Tai, Tia-Diki, Tory, Walter, Yorkie, Zach

Hinweis

Die Informationen und Ratschläge in diesem Buch sind von der Autorin und vom Verlag sorgfältig erwogen und geprüft worden, dennoch kann eine Garantie nicht übernommen werden. Eine Haftung der Autorin bzw. des Verlags und seiner Beauftragten für Verletzungen bei Hunden oder für Personen-, Sach- und Vermögensschäden ist ausgeschlossen. Ist Ihr Hund krank oder leidet er an Verhaltensauffälligkeiten, suchen Sie professionellen Rat.